¿Acaso No Somos Cristianos?

Nuestra Fe Católica
Conforme a la Biblia y
la Sagrada Tradición

Jesús Fernandez-Luna

LIBROS LIGUORI

One Liguori Drive ▼ Liguori, MO 63057-9999

Imprimi Potest:
Richard Thibodeau, C.Ss.R.
Provincial de la Provincia de Denver
Los Redentoristas

Imprimatur:
Reverendo Michael J. Sheridan
Obispo auxiliar, Arquidiócesis de St. Louis

ISBN 0-7648-0586-X
Numero de Biblioteca de Congreso: 99-66751

Para pedidos, llame al 1-800-325-9521
http://www.liguori.org

Diseño de la portada por Ross Sherman

CONTENIDO

PREFACIO

*U*na de las razones por la cual escribí el presente trabajo, fue el ver que en estas ultimas décadas muchos hispanos han abandonado la Iglesia católica para unirse a sectas protestantes. A este fenómeno muchos le han tratado de dar explicación, dando por razón ciertos factores sociales y económicos. Además, afirman que el cambio de cultura e idioma y la falta de convivencia social que enfrentan en los Estados Unidos, son factores que influyen grandemente en su decisión.

Ciertamente esos factores, podrían influenciar la decisión de los hispanos, a abandonar la Iglesia, pero creo, que no es la razón principal. La mayoría de los católicos, después de haber abandonado las sectas protestantes, dicen: que ellos nunca hubieran salido de la Iglesia, si hubiesen sido catequizados. La realidad es que la catequesis en nuestras comunidades hispanas, solamente se enfoca en los sacramentos y en la liturgia. Debería de haber una constante catequesis, que incluyendo a niños, jóvenes y adultos, enfoque la instrucción en la Biblia y en la total doctrina de la Iglesia.

El Concilio Vaticano II, en el decreto sobre el ecumenismo (Unitatis Redintegratio) invita a todos los que creen en Cristo a restaurar la unidad de todos los cristianos, ya que esta división la considera como un escándalo para el mundo y un obstáculo para la proclamación del Evangelio. Todos estamos llamados a esta tarea y pienso que la mejor manera de responder a este llamado es en el estudio y la profundización de nuestra fe católica. Nunca podremos promover un verdadero ecumenismo si desconocemos o dudamos de nuestra fe, ya que la unión se restaurará cuando los católicos presentemos nuestra fe con respeto, humildad y claridad y sobre todo con un convencimiento propio de lo que hacemos y decimos.

Este libro es el resultado de muchos años de participación e instrucción en la vida de la Iglesia, además del tiempo dedicado al estudio de la Sagrada Biblia. En la elaboración de este trabajo también contribuyeron grandemente los dos años que estudie en el Seminario Mayor de Tabasco, los estudios de teología tomados en la Catholic Distance University, Franciscan University at Steubenville, y la instrucción recibida en el estudio e investigación de Pacific Western University.

Quiero agradecer de una manera especial al P. Guillermo Rodríguez por sus comentarios tan valiosos con respecto a este trabajo. Su corrección gramatical y su opinión personal. A mi hermano Alfonso también le quiero agradecer todas sus sugerencias y modificaciones en la redacción y sobre todo su valiosísima ayuda para encontrar la información científica e histórica del mismo. A Silvia, que con su experiencia en la estructuración gramatical le dio a este trabajo el toque final en la redacción.

Quiero también agradecer profundamente al P. Christopher Buckner, autor e instructor de Catholic Distance University, por haberme permitido usar en la redacción del capitulo VI, su método explicativo de la Sagrada Tradición, lo cual lo considero un honor y una bendición para este libro.

Extiendo mi agradecimiento al Sr. Vicente Hamon Enríquez, por la sugerencias para mejorar el manuscrito.

Por ultimo agradezco el amor, respeto y apoyo de la gente de Tabasco, México, y de las comunidades hispanas de Anderson y Red Bluff, California.

INTRODUCCION

*L*os fundamentalistas dicen que la Biblia es la única fuente de la Revelación divina. Dicen que todo lo que necesitan para salvarse esta escrito en ella. Por lo tanto, algo que no esté mencionado en la Biblia lo consideran erróneo y hasta perjudicial para la fe. En realidad esto suena contradictorio ya que la misma Biblia hace una clara distinción entre las Escrituras y la Sagrada Tradición. Es un hecho histórico que la Biblia no era la única fuente de la Revelación divina de los primeros cristianos, puesto que solamente existía el Antiguo Testamento: el Nuevo estaba en proceso de formación. En realidad la Sagrada Escritura así como la tenemos en la actualidad apareció aproximadamente en los comienzos del siglo IV, o sea que por casi 300 años los cristianos vivieron su fe sin el Nuevo Testamento. En este libro presentaremos una discusión acerca de la Sagrada Tradición y de la Biblia. La Biblia como sabemos es la Palabra de Dios dirigida a la humanidad, y el hombre por inspiración del Espíritu Santo la puso por escrito. También consideraremos la otra parte de la Revelación de Dios que llamamos "Sagrada Tradición". Veremos sus diferencias y como las dos partes forman un solo mensaje divino. Además estudiaremos en detalle pasajes de la Escritura, donde demostraremos con evidencia que desde el tiempo de los Apóstoles ya existía una Tradición que era respetada, transmitida y cuidada por los mismos apóstoles y la comunidad de los creyentes.

I

LAS SAGRADAS ESCRITURAS

*D*ios habla al hombre por medio de la revelación. Hay dos principales fuentes donde encontramos esta revelación: Las Sagradas Escrituras y la Sagrada Tradición. Las dos son sagradas porque provienen de Dios. Primero pondremos nuestra atención en la Sagrada Escritura, para probar que las dos fuentes están divinamente inspiradas y que su relación es de gran importancia para el entendimiento e interpretación de la Divina Revelación.

La Sagrada Escritura o la Biblia, es una colección de 73 libros. Muchos de ellos fueron escritos antes del nacimiento de Nuestro Señor Jesucristo, por hombres inspirados bajo la guia del Espíritu Santo. Estos 73 libros contienen la palabra de Dios.

La palabra Biblia proviene del griego *biblia* que significa "libros". Por lo tanto, como todo libro tiene un autor, "Dios es el autor de la Escritura. Las verdades reveladas por Dios, que se contienen y manifiestan en la Sagrada Escritura, se consignaron por inspiración del Espíritu Santo" (Catecismo de la Iglesia Católica, #105). Dios es quien inspiró a los escritores humanos dirigiéndoles la mente, su voluntad, memoria y facultades mentales. Ellos, obedeciendo esta inspiración divina, escribieron solamente lo que Dios quizó (Wuerl, Lawler, Comerford 1995: 485).

El 18 de noviembre de 1965, el Concilio Vaticano II, editó la Constitución Dogmática sobre la Divina Revelación (Dei Verbum) En este documento los Padres del Concilio sostuvieron que la Biblia esta libre de error, no solamente en lo que respecta a la fe o moral, sino en todo lo concerniente a nuestra salvación:

> "Pues, como todo lo que los autores inspirados o hagiógrafos afirman, debe tenerse como afirmado por el Espíritu Santo, hay que confesar que los libros de la Escritura enseñan firmemente, con fidelidad y sin error, la verdad que Dios quizó consignar en las sagradas letras para nuestra salvación. Así pues toda escritura es divinamente inspirada y útil para enseñar, para guiar, para corregir, para educar en la justicia, a fin de que el hombre de Dios sea perfecto y equipado para toda obra buena" (12).

Ahora nos podríamos preguntar: ¿Si Dios inspiró a los autores humanos, cómo fue que ellos personalmente contribuyeron en los textos? ¿Escribieron simplemente lo que él dictó?

La respuesta es un fuerte "NO". Los escritores fueron responsables también de sus escritos, contribuyendo con su propia personalidad la cual hizo sus escritos únicos.

Ellos pusieron su propia experiencia, educación, clase social, estilo y propósito. En los Evangelios que tradicionalmente conocemos con los nombres de Mateo, Marcos, Lucas y Juan, se describen los mismos eventos de la vida de Cristo, pero cada uno de manera diferente.

Cuando hablamos de la Biblia, casi siempre nos referimos a un libro, pero en realidad la Escritura se parece más a una biblioteca, ya que es una colección de libros. Al entrar a una librería encontramos muchas clases de libros, escritos por diferentes autores con su propio estilo. De la misma forma en la Biblia encontramos autores con diferentes estilos de escrituras. Hay libros en la Biblia que tratan de la historia del pueblo de Dios, otros son biografías, y algunos son composiciones poéticas, como el libro de los Salmos.

En la Escritura también encontramos cartas, como las escritas por San Pablo y San Pedro.

Al estudiar las Sagradas Escrituras descubriremos diferentes tipos de literatura. Por lo que, no debemos leer estos libros como si fueran todos iguales o de un mismo estilo literario. No se puede leer un libro de historia como si fuera un libro de poemas, ya que los dos estilos son totalmente diferentes. El Concilio Vaticano II al hablar de los diferentes estilos literarios que existen en la Biblia, nos dice:

> "Dios habla en las Escrituras por medio de hombres y en lenguaje humano, por lo tanto, el intérprete de las Escrituras para conocer lo que Dios quizó comunicarnos, debe estudiar con atención lo que los autores querían decir y lo que Dios quería dar a conocer con dichas palabras. Para descubrir la intención de los autores sagrados es preciso tener en cuenta las condiciones de su tiempo y de su cultura, los géneros literarios usados en aquella época, las maneras de sentir, de hablar y de narrar en aquel tiempo. Pues la verdad se presenta y se anuncia de modo diverso en obras de diversa índole histórica, en libros proféticos o poéticos o en otros géneros literarios" (Dei Verbum, 12).

El Concilio Vaticano II (Dei Verbum, 12) señala tres criterios para una interpretación de la Escritura conforme al Espíritu que la inspiró:

1. Hay que prestar una gran atención al contenido y a la unidad de toda la Escritura. En efecto, por muy diferentes que sean los libros que la componen, la Escritura es una en razón de la unidad del designio de Dios que Cristo Jesús es el centro y el corazón, abierto desde su Pascua.

2. Leer la Escritura en "la Tradición viva de toda la Iglesia". Según un adagio de los Santos Padres de la Iglesia: "La Sagrada Escritura está más en el corazón de la Iglesia que en la materialidad de los libros escritos. La Iglesia encierra en su Tradición la memoria viva de la Palabra de Dios, y el Espíritu Santo le da la interpretación espiritual de la Escritura".

3. Estar atento "a la analogía de la fe". Se entiende por "analogía de la fe" la cohesión de las verdades de la fe entre sí y en el proyecto total de la Revelación.

La Biblia comprende muchos años de escritura. Esto lo debemos tener en cuenta, al estudiar la contribución de los autores humanos. Conforme a la época, dividimos la Sagrada Escritura en dos partes: El Antiguo y el Nuevo Testamento. El Antiguo Testamento comprende eventos desde la creación hasta la venida de Cristo. Por otro lado el Nuevo Testamento, narra la vida de Jesús y los comienzos de la Iglesia. La separación del Antiguo y Nuevo Testamento está basada en el nacimiento de Nuestro Señor Jesucristo.

El Antiguo Testamento

El Antiguo Testamento está compuesto de 46 libros. Si observamos las Biblias que usan las Iglesias protestantes, sólo contienen 39 libros. Los siete libros que los reformadores protestantes omitieron de la Biblia son: Tobías, Judit, Sabiduría, Eclesiástico, Baruc y Macabeos I y II.

Los libros del Antiguo Testamento fueron escritos en hebreo y algunas partes en arameo. La revelación del Antiguo Testamento trata de la alianza de Dios con el pueblo de Israel. Esta alianza o convenio significó que Dios bendeciría a los Israelitas como su pueblo escogido, y ellos tendrían que permanecer fieles a sus mandatos.

El tema del Antiguo Testamento es la espera del Mesías, pues desde la caída en el pecado por parte de Adán y Eva, el hombre ya no podía ir al cielo. Dios en su infinita misericordia, promete salvar al hombre no importándole sus pecados. El prometió que enviaría a su propio Hijo para liberar al hombre del pecado. La gente del Antiguo Testamento fueron preparados para la venida de Cristo, quien sería su Salvador. En resumen podemos decir, que "en efecto, el fin principal de la economía antigua era preparar la venida de Cristo, Redentor universal. Aunque contiene elementos imperfectos y pasajeros, los libros del Antiguo Testamento dan testimonio de toda la divina pedagogía del amor salvífico de Dios: Contienen enseñanzas sublimes sobre Dios y una sabiduría salvadora acerca del hombre, encierran tesoros de oración, y esconden el misterio de nuestra salvación" (Catecismo de la Iglesia Católica, #122).

Los primeros cinco libros del Antiguo Testamento han sido llamados Pentateuco, o libros mosaicos, o también llamado Torah (Ley). Enseguida estan los libros históricos, después los libros poéticos, los libros sapienciales y por último los libros proféticos o libros de exhortación. La Biblia de Jerusalén, considerada en nuestra era moderna como una de las mejores traducciones, enlista los libros del Antiguo Testamento de esta manera: (Wuerl, Lawler, Comerford 1995: 486).

EL PENTATEUCO

Génesis, Exodo, Levítico, Números y Deuteronomio.

LOS LIBROS POETICOS Y SAPIENCIALES

Job, Salmos, Proverbios, Eclesiastés, Cantar de los Cantares, Sabiduría y Eclesiástico.

LOS LIBROS HISTORICOS

Josué, Jueces, Rut, Samuel I y II, Reyes I y II, Crónicas I y II, Esdras, Nehemías, Tobías, Judit, Ester y Macabeos I y II.

LOS LIBROS PROFETICOS

Isaías, Jeremías, Lamentaciones, Baruc, Ezequiel, Daniel, Oseas, Joel, Amós, Abdias, Jonás, Miqueas, Nahún, Habacuc, Sofonías, Ageo, Zacarías y Malaquías.

El Nuevo Testamento

El Nuevo Testamento contiene 27 libros. Estos son: los cuatro Evangelios, los Hechos de los Apóstoles, las Epístolas o Cartas de San Pablo, San Pedro, Santiago, San Juan y Judas, la carta de los Hebreos y el Apocalipsis. Estos libros fueron escritos originalmente en griego.

En el Antiguo Testamento, Dios hizo una alianza con el pueblo de Israel; en el Nuevo Testamento hizo una alianza con toda la humanidad. Nuestro Señor Jesucristo, Dios Hijo, es la promesa hecha a nuestros primeros padres en el libro de Génesis (ver Gén 3, 15). Cristo vino a salvar a todos los hombres. El principal mensaje del Nuevo Testamento es que Dios quiere que todos los hombres se salven por medio de su Hijo Jesucristo. Por su parte Cristo, obedeciendo la voluntad del Padre, estableció la Iglesia durante su vida en la tierra para la salvación de todos los hombres.

La Biblia de los protestantes contienen el mismo número de libros en el Nuevo Testamento que el de la Iglesia católica. Es interesante también notar que frecuentemente encontramos en el Nuevo Testamento el mismo orden y secuencia de los libros. Tomando de referencia la Biblia de Jerusalén, estos son los siguientes:

EVANGELIOS

San Mateo, San Marcos, San Lucas, San Juan.

HECHOS DE LOS APÓSTOLES

EPISTOLAS DE SAN PABLO

Romanos, Corintios I y II, Gálatas, Efesios, Filipenses, Colosenses, Tesalonicenses I y II, Timoteo I y II, Tito, Filemón y Hebreos.

EPISTOLAS CATOLICAS

Santiago, San Pedro I y II, San Juan I, II y III, San Judas.

EL APOCALIPSIS

II

COMO LOS ANTIGUOS MANUSCRITOS LLEGARON A FORMAR LA BIBLIA

*T*odos sabemos que la imprenta apareció en el siglo XV. Antes de la imprenta, todos los antiguos manuscritos, incluso la Biblia, eran reproducidos a mano, palabra por palabra y letra por letra. Los antiguos manuscritos fueron escritos en tablas de ladrillos, piedras, huesos, madera, piel, metal, alfarería, papiros y pergaminos (Metzger 1968: 3-27). Los dos materiales más usados fueron el pergamino y el papiro. El papiro se fabricaba de una planta que crecía a las orillas del río Nilo en Egipto; el pergamino se hacía de la piel de ganado vacuno, ovejas, chivos y antílope. Estos pergaminos eran escritos con una escritura en forma de columna de 2 ó 3 pulgadas de ancho. Debido a su forma de rollo, resultaba difícil de manejar y complicaba la tarea de encontrar las lecturas. No fue sino hasta el siglo II D.C. cuando se introdujo el códice u hoja, que ya tenía la forma de libro como los de nuestra actualidad. En la elaboración de estos códices, el pergamino se utilizó más que el papiro, ya que era mas fuerte y duraba mas.

En los antiguos manuscritos se utilizarón dos tipos de letras. Una era la letra cursiva que se usaba en trabajos no literarios y documentos de la vida diaria. La otra era "uncial" o antigua, que es similar a las letras mayúsculas de la actualidad. No fue sino hasta el siglo IX, cuando apareció la letra minúscula. Los que elaboraban los manuscritos se dieron cuenta que al usar este tipo de letra, podía escribirse con mayor rapidez y ocupar menos espacio, lo que reducía el costo considerablemente.

Debido al costo de los pergaminos, algunos escritores comenzaron a borrar ciertos manuscritos y a escribir sobre ellos. Como resultado se perdieron valiosísimos manuscritos, incluso de la Biblia. Pero con la ayuda de aplicaciones de técnicas científicas, algunos manuscritos se han recuperado. En los primeros tiempos de la cristiandad la Iglesia prohibió este tipo de costumbre.

Al no contar con los avances de la imprenta, los antiguos manuscritos eran reproducidos en grandes salas, donde una persona dictaba y muchos escribanos escuchaban y escribían al mismo tiempo. Debido al cansancio físico y psicológico de los escribanos, además del ruido de la sala, en algunos manuscritos se descubren errores inevitables de palabras. No fue sino hasta el período Bizantino cuando se empezó a reproducir los libros de la Biblia en los monasterios de una manera diferente. Los monjes en su celda y en forma privada copiaban los libros de la Biblia así como otras obras, logrando con esto una mayor perfección en sus manuscritos. En algunos monasterios se introdujo severas reglas de penitencia, que eran aplicadas a los monjes que cometían errores en el copiado de la Biblia. Deberíamos rendir honor y agradecer el esfuerzo de aquellos hombres que se entregaron a una ardua labor en la reproducción de los manuscritos de la Biblia. Quizá debido a los avances tecnológicos de hoy, no se aprecie esa labor y se olvide que los primeros cristianos no tuvieron la oportunidad de tener una Biblia personal.

Cómo llegó a formarse la Biblia

Es muy interesante saber cómo las Sagradas Escrituras llegaron a convertirse en lo que nosotros llamamos Biblia. Es importante también saber el tiempo en que se escribió la Biblia, ya que de esta manera apreciaremos más la historia de la revelación de Dios a la humanidad. La mayoría de los personajes que menciona la Biblia,eran del Medio Oriente. Si nos auxiliamos de la arqueología, encontraremos que las antiguas culturas expresaban sus sentimientos materiales y espirituales a través de jeroglíficos, pinturas y signos. El alfabeto escrito o fonético se originó con los semitas de Mesopotamia, cerca del año 2000 A.C. A este hecho o acontecimiento lo llamaremos como el comienzo cultural de la Biblia (Hardon 1981: 43).

Se cree que Abraham llegó a Canaán por eso del año 1850 A.C. El fue escogido por Dios para ser padre de la nación hebrea.

Moisés, a quien se le apropia la causa humana de haber liberado de la esclavitud de Egipto al pueblo Judío, probablemente vivió por el año 1250 A.C. Los judíos, así como los primeros cristianos, estuvieron de acuerdo en que Moisés escribió los cinco primeros libros de la Biblia, llamado Pentateuco (Buckner 1996: 2-3).

En la actualidad muchos escritores no consideran a Moisés como el autor del Pentateuco. Quizá esta afirmación tenga sus bases históricas, pero no nos debe quedar ninguna duda que Moisés tuvo un papel muy importante en la elaboración de la antigua ley. Moisés es el legislador por excelencia. Además, la mayoría de las leyes que se establecieron después de Moisés fueron concebidas en su espíritu y atribuidas a él.

En la formación del canon de la Biblia, la historia tiene un papel importante. Por comienzos del siglo primero (100 D.C.), aproximadamente 30 años después de la destrucción de Jerusalén, se había establecido un escuela rabínica en un pueblo israelita llamado Jamnia, en la actualidad situado cerca de 12 millas al sur de la ciudad de Tel-Aviv. En este pueblo de Jamnia se realizó un concilio presidido por rabinos, en el cual se determinó cuales libros eran auténticos y se estableció un canon para la gente. Se establecieron cuatro criterios, para reconocer cuales serían los libros pertenecientes al pueblo judío. Los requisitos fueron los siguientes:

1. Los libros debían conformarse al Pentateuco.

2. Debían haber sido escritos antes del año 400 A.C.

3. Debían haber sido escritos en Palestina.

4. Debían haber sido escritos en hebreo.

Siete libros no cumplieron estos requisitos, por una u otra razón. El libro de Baruc no fue escrito en Palestina. El libro del Eclesiástico y el primer libro de Macabeos fueron escritos después del año 400 A.C. El libro de Tobías y parte de Daniel y Ester fueron originalmente compuestos en arameo, y además escritos fuera de Palestina. Judit fue escrito en arameo. Por último, Sabiduría y Macabeo II fueron escritos en griego. Cuando estos libros fueron excluidos, un nuevo canon fue establecido en Palestina, y la lista de libros del Concilio de Jamnia quedó formada y cerrada. Hay que notar que para estas fechas los rabinos ya no tenían ninguna autoridad en el nuevo pueblo de Dios. Cristo con su muerte y Resurrección había anulado su autoridad y la había entregado a los Apóstoles (ver Mt 16,16-28).

Finalizando el concilio, los rabinos presentaron una lista de libros e introdujeron una traducción en griego, con el propósito de sustituir la famosa traducción de "Los Setenta" hecha aproximadamente en el siglo III A.C. (Este término de Los Setenta se derivó de la creencia de que 70 sabios trabajaron en la traducción del hebreo al griego.)

Los primeros cristianos no judíos usaron la traducción de "Los Setenta" con fines apologéticos. Esta traducción llegó a ser de mucha importancia en lo que concernía a la defensa de la fe. Un ejemplo lo tenemos en la concepción virginal de Nuestro Señor Jesucristo, señalada proféticamente en el libro de Isaías 7, 14: "Una virgen concebirá un niño". En la traducción de Los Setenta, la palabra usada en griego es *parthenos*, que claramente significa virgen. Cuando los rabinos ordenaron una nueva traducción al griego, la traducción judía cambió la palabra *parthenos* por *neanis*, que significa "jovencita o doncella". Esta palabra *parthenos* es importante, porque es una de las bases de la Iglesia que respalda la virginidad de María. En cambio, *neanis* no apoya con claridad esta doctrina. Esta traducción de los judíos les sirve a aquellos que niegan la virginidad de la Virgen María (Hardon 1981: 45).

Los libros apócrifos

Para finalizar nuestro tema, mencionaré un poco acerca de aquellos libros apócrifos. Estos escritos fueron compuestos en el siglo segundo antes de Cristo y a los comienzos del primer y tercer siglo de nuestra era. Muchos aseguraban que estos escritos eran sagrados y originales que habían estado oculto por generaciones. Algunos contienen verdades, otros contienen falsos puntos de vistas y otros son sólo cuentos.

Sobre el Nuevo Testamento, se dice que a finales del siglo primero empezaron a aparecer escritos que no eran ortodoxos. Los llamaron evangelios apócrifos, porque se suponían que eran escritos verdaderos que habían estado escondidos. Religiones como la musulmana los usan todavía en la actualidad. Desde el comienzo, la Iglesia católica determinó que estos evangelios no eran divinamente inspirados, por lo que no fueron incluidos en la presente lista de 27 libros que tenemos del Nuevo Testamento.

III
INSPIRACION DE LA BIBLIA

*L*a inspiración es un concepto teológico que trata de Dios en plan de autor de la Biblia. En nuestra vida diaria hablamos de inspiración cuando nos referimos a obras literarias y decimos que el autor de tal obra estuvo inspirado. Al referirnos a la Biblia la tenemos que situar en un campo totalmente diferente, pues aquí estamos hablando de una inspiración divina. La Iglesia católica nos enseña que Dios es el autor de los libros de la Biblia. Esta inspiración divina es lo que hace ser a la Biblia única y por consiguiente diferente de cualquier obra humana.

Aunque no podamos comprender los misterios que Dios nos revela, no por eso son contrarios a la razón humana. De la misma forma, al hablar de la inspiración que produjo la Biblia, nos estamos refiriendo a un misterio. Es muy importante tener bien claro este concepto, ya que en el estudio de la Biblia, podríamos llegar a erróneas interpretaciones de la misma.

La misma Sagrada Escritura nos dice:

Todos los textos de la Escritura son inspirados por Dios y son útiles para enseñar, para rebatir, para corregir, para guiar en el bien. La Escritura hace perfecto al hombre de Dios y lo deja preparado para cualquier buen trabajo (2 Tim 3,16).

Repitiendo la misma voz de la Escritura, la Iglesia en el Catecismo nos dice: "La Santa Madre Iglesia según la fe de los Apóstoles reconoce que todos los libros del Antiguo y Nuevo Testamento, con todas sus partes, son sagrados y canónicos, en cuanto que escritos por inspiración del Espíritu Santo, tienen a Dios como autor y como tales han sido confiados a la Iglesia" (#105).

Los Santos Padres de la Iglesia sólo comentan un poco acerca de la inspiración de la Sagrada Escritura, aunque ellos no consideraron a la Biblia como la única fuente de la Divina Revelación le reconocieron un carácter muy especial. San Gregorio el Grande, así como Santo Tomás de Aquino, consideraron a Dios como el autor de la Sagrada Escritura. Por otro lado, San Agustín también aseguró lo mismo y puso además de relieve al autor humano en cooperación con Dios en la elaboración de la misma.

El aspecto humano de la Biblia

Lo que hace ser única a la Biblia, es que no solamente tiene a Dios como autor sino también al hombre. Tenemos ejemplo de ello en los Evangelios de San Mateo, San Marcos, San Lucas y San Juan. Los tres primeros describen la vida, muerte y Resurrección de Jesús de una manera similar, pero cada uno con su propio estilo y característica. Por otro lado, el Evangelio de Juan es totalmente diferente. Es obvio observar el aspecto humano en los Evangelios, ya que cada uno de ellos narraron en su manera propia las palabras de Nuestro Señor Jesucristo.

Debido a las muchas investigaciones científicas y adelantos tecnológicos de nuestra era, tenemos la oportunidad de apreciar con más detalle el aspecto humano en la redacción de la Biblia. Ciencias como la arqueología han contribuido grandemente en este tipo de investigación. Además, el estudio de la literatura bíblica y extrabíblica, y de las culturas de los antiguos pueblos y lenguas, han iluminado más el camino para entender el papel de la cooperación humana en la inspiración de la Sagrada Escritura.

Teorías de la inspiración de la Biblia

A través de la historia muchos teólogos se han adentrado en el estudio de la Sagrada Escritura. Como resultado del mismo algunas teorías han surgido sobre la inspiración de la Biblia. La Iglesia encargada por Cristo de transmitir con integridad el mensaje de Cristo, ha aceptado algunas teorías y ha rechazado otras por ser contrarias a la doctrina eclesial. Las dos teorías más importantes que la Iglesia a rechazado son: la teoría del dictado y la teoría de la aprobación posterior.

Teoría del dictado

Sostiene que Dios actualmente dictó las palabras de los textos bíblicos y los autores humanos solamente las escribieron (Obloy 1989:1-5). Esta teoría enfatiza el aspecto divino de la inspiración de los textos sagrados de una manera exagerada, que casi destruye la contribución humana en la redacción de las Escrituras. Según esta teoría el ser humano es solamente un canal por donde pasa la palabra de Dios. Esta teoría proviene de la tradición rabínica que sostiene que Moisés recibió la antigua Ley directamente de Dios. Esta teoría también sostiene que los autores humanos fueron poseídos por Dios y escribieron bajo dicha influencia.

El principal problema que enfrenta esta teoría, es que viola la libre voluntad del ser humano. Dios creo al hombre a su imagen y semejanza (ver Gén 1,26). Esta semejanza está en la creación de nuestro intelecto y voluntad. Dios respeta nuestra libertad humana ya que Dios no se apodera de una persona de esa manera. Al quitarle al autor la libertad de su voluntad, esta teoría minimiza el aspecto humano.

En ninguna parte de la Escritura se encuentra algún pasaje que apoye esta teoría, ya que en realidad si Dios hubiese poseído a los hombres la misma Biblia lo habría mencionado. Los fundamentalistas apoyan esta teoría porque les ayuda a justificar la interpretación literal de la Biblia. Esta teoría genera una fuerte controversia en el mundo de la Ciencia por su radicalidad interpretativa.

Teoría de la aprobación posterior

Esta teoría sostiene que los autores humanos escribieron los libros de la Biblia y que posteriormente Dios aprobó lo que escribieron. Esta teoría pone a Dios al nivel de un maestro que espera que los alumnos cometan un error para remarcárselos. Esta teoría también sostiene que Dios sólo asistió al hombre cuando necesitaba su ayuda para prevenir cualquier error.

Esta teoría exalta el aspecto humano en la redacción de la Biblia y reduce el aspecto divino al nivel de supervisor, lo cual es totalmente erróneo. Entre los promotores de esta teoría encontramos aquellos que los críticos llaman "críticos históricos de la Biblia". Algunos teólogos católicos se han dejado influenciar por esta corriente de pensamiento. Estos teólogos exaltan tanto el aspecto humano de la Escritura, que ponen en duda la misma doctrina de la Iglesia y piden una revisión de los dogmas de la misma.

Para finalizar diremos que existe una teoría la cual la Iglesia aprueba y que es la teoría positiva de la inspiración de la Biblia. Esta teoría fue apoyada por el Papa León XII. El sostuvo que Dios verdaderamente fue un autor divino, y que por lo tanto debe haber estado envuelto en la creación de la Biblia. El Catecismo de la Iglesia Católica dice:

> "Dios ha inspirado a los autores humanos de los libros sagrados. En la composición de los libros sagrados, Dios se valió de hombres elegidos, que usaban de todas sus facultades y talentos; de este modo, obrando Dios en ellos y por ellos, como verdaderos autores, pusieron por escrito y sólo lo que Dios quería" (#106).

Muchas teorías han sido elaboradas tratando de explicar el misterio de la inspiración de la Biblia. Todas estas teorías se quedan cortas en su explicación, en una u otra manera, ya que como dijimos anteriormente aquí estamos entrando en un campo de la inspiración divina. En esta inspiración, Dios produjo un efecto fuera de sí mismo. Este efecto de Dios es la misma Biblia. Los teólogos nos dicen que esto fue una actividad común de las tres divinas personas de la santísima Trinidad, y que por el principio de apropiación se le atribuye al Espíritu Santo.

Dios respeta la libertad del hombre. Los redactores de la Biblia fueron activos agentes, usando sus dones. Esta actividad se realizo bajo la influencia del Espíritu Santo. El intelecto y la voluntad del hombre estuvieron bajo la influencia de la divina inspiración.

Como hemos repetido, aqui estamos tratando de un misterio y por lo tanto nunca podremos entender totalmente como se realizó la inspiración de la Biblia. Aquí es donde tenemos que aceptar las palabras de la Iglesia, que nos aseguran la existencia de esa inspiración. Lo que diferencia a la Biblia de cualquier escrito u obra religiosa es el hecho que Dios es su principal autor (Obloy 1989: 1-9).

Inspiración de la Biblia y el fundamentalísmo

Los fundamentalistas bíblicos no sólo creen que la Biblia es la única fuente de Divina Revelación, sino que al mismo tiempo niegan cualquier autoridad en la interpretación de la misma y por lo tanto rechazan el Magisterio de la Iglesia. Pero cuando uno les pregunta por qué creen que la Biblia fue inspirada por Dios, inmediatamente citan el pasaje de la segunda carta de Timoteo (ver 2 Tim 3, 16), y de ahí no saben dar más cuenta. Como vemos esto es un poco controversial ya que otros libros reclaman haber sido inspirados por Dios, entre ellos El Libro de Mormón, El Corán de los musulmanes y algunos escritos de Helen G. White, fundadora de los Adventistas del Séptimo Día.

Si dijéramos que la Biblia fue inspirada por Dios solamente porque muchas personas lo dicen, caeríamos en otro error ya que muchas otras controversias como el aborto, la eutanasia, etc., son apoyadas por la mayoría de la gente en ciertos paises, lo que no signifique que tengan razón.

Algunos aseguran que la Biblia fue inspirada porque es de carácter inspiracional (Keating 1988: 121-133). Hay muchos libros que son inspiracionales y no por eso provienen de Dios. Cuando leemos un libro de poesía, por ejemplo, nos sentimos inspirados. Cuando leemos una novela también sentimos emociones. Asegurar la inspiración por las emociones que produce la Biblia es también un error. Otros fundamentalistas aseguran que la Biblia fue inspirada porque el Espíritu Santo se los dijo directamente y ellos no necesitan alguien quien les interprete la Escritura, ya que con una sola oración el Espíritu Santo les explica cualquier pasaje en particular. Esto tampoco puede ser cierto ya que si así fuera, todos los fundamentalistas deberían tener la misma interpretación de la Biblia.

Para la Iglesia católica, decir que la Biblia esta inspirada comprende un proceso y no solamente una afirmación a la ligera. Este proceso quedaría de la siguiente manera:

1. La Biblia es investigada o tomada como un antiguo manuscrito, dejando a un lado la posibilidad de la inspiración de la misma.

2. Se analizan los documentos o antiguos manuscritos y se encuentra que algunos contienen libros completos de la Biblia, otros solamente son partes de libros y algunos más sólo contienen algunas palabras. También se analizan con todo

cuidado las lenguas en que estos manuscritos fueron escritos (existen manuscritos en hebreo, griego, latín, copto, siriaco y otras lenguas) y se comparan entre sí, y después de un severo análisis, se aceptan los manuscritos que demuestran mayor autenticidad.

3. Se considera a la Biblia como un libro de historia. Se analiza con todo cuidado la vida, palabras, milagros y testimonio de la muerte y Resurrección de Cristo. Este análisis nos lleva a preguntarnos si Jesús realmente fue el Hijo de Dios o solamente un charlatán. Este proceso de eliminación o análisis de las palabras de Cristo nos lleva a concluir que si Jesús fue un charlatán, en toda la historia de la humanidad no ha habido un charlatán que halla hablado de esta manera. Por otro lado, ningún hombre en pleno uso de sus facultades mentales ha hablado como Jesús lo hizo, ni hecho los milagros que él realizó. Además, los Apóstoles —quienes fueron testigos de sus hechos y palabras— proclamaron su mensaje, sobre todo la resurrección, defendiendo este testimonio, incluso hasta la muerte. Esto asegura todavía más su testimonio, ya que nadie quiere morir por sostener una mentira. Por lo tanto, lo que llevó a los Apóstoles a dar la vida por Cristo es una verdad verificada por ellos mismos. Con esto podemos concluir diciendo que Jesús fue Dios y que verdaderamente resucitó de entre los muertos.

4. Siguiendo todavía con la presuposición de que la Biblia fuera un libro común y corriente, en los Evangelios y demás escritos del Nuevo Testamento se dice que Jesús fundó una Iglesia. Además, se dice que esta Iglesia deberá tener cuatro características: ser una, santa, católica y apostólica. Después de realizar un análisis histórico de la iglesias que reclaman

ser la Iglesia de Cristo, descubrimos que ninguna de ellas se remonta hasta Cristo, ni tiene las cuatro características de la Iglesia de Jesús. La única Iglesia que históricamente se remonta hasta Cristo y reúne las cuatro característica de la Iglesia de Jesús, es la Iglesia católica. Esta Iglesia fundada por Jesús posee el don de la infalibilidad y por lo tanto está libre de todo error. Esta última característica también la encontramos en la Iglesia católica.

5. La Iglesia católica nos dice que la Biblia está inspirada por Dios. Nosotros creemos y aceptamos esto como verdad.

IV

LA IGLESIA Y LA BIBLIA

En el año 377 D.C., San Jerónimo fue nombrado secretario del Papa Damaceno I debido a su gran conocimiento de las Sagradas Escrituras. San Jerónimo fue comisionado para revisar la traducción del Nuevo Testamento al latín, en base al original en griego. A él se le atribuye la tarea de haber elaborado el canon o lista de libros de la Biblia. Este canon fue aprobado por el Concilio de Roma en el año 382 D.C. y publicado durante el papado de Damaceno I. El canon usado fue la traducción de "Los Setenta" y por lo tanto, se incluyeron los libros que en el concilio de Jamnia los rabinos habían rechazado. También se excluyó del Nuevo Testamento los evangelios apócrifos. En el Concilio de Cartagena, celebrado en el año 397 D.C., se estableció un canon de las Sagradas Escrituras, y se prohibió otro tipo de lecturas en la Iglesia (Buckner 1993: 2-5). En el Concilio de Florencia, celebrado en el año de 1442, se confirmó el canon católico Romano de la Biblia, el cual fue el mismo que el Papa Damaceno I había publicado mil años antes. Un año después en el Concilio de Trento, el 8 de Abril de 1546, la Iglesia confirmó la misma lista de libros y enseñanzas dentro del pontificado del Papa Pablo III.

Los reformadores protestantes prefirieron usar la lista de libros que los rabinos habían escogido en Jamnia. El resultado fue que hasta nuestros días, las Biblias protestantes tienen el mismo número de libros en el Nuevo Testamento que la Iglesia Católica, pero los del Antiguo Testamento difieren porque la Iglesia católica sostuvo la misma lista que el Papa Damaceno I y el Concilio de Florencia había aprobado.

Es muy interesante hacer notar que por casi 1400 años todos los cristianos aceptaron la misma lista de libros del Antiguo Testamento (Keating 1988: 121-133). El desacuerdo comenzó con la Reforma protestante hace 400 años. Debemos enfatizar que la Biblia no es la razón de la Iglesia, sino que es el libro de la Iglesia y que contiene parte de la revelación de Dios. Si alguien dejara a un lado la Tradición y la Iglesia, caería en una controversia y un debate sin terminar, ya que otros escritos como El Corán musulman, El Libro de Mormón, etc., reclaman ser inspirados por Dios (Keating 1988: 121-133). En la interpretación de la Biblia, debemos tener en cuenta la Tradición y el Magisterio para encontrar el verdadero mensaje de Dios. La Iglesia católica siempre ha tenido en cuenta la Tradición y la Biblia, y las ha respetado como la Palabra de Dios.

Terminaremos citando un pasaje del Concilio Vaticano II:

"La Iglesia siempre ha venerado las Sagradas Escrituras, como lo ha hecho con el Cuerpo de Cristo, pues sobre todo en la Sagrada Liturgia, nunca ha cesado de tomar y repartir a sus fieles el pan de vida que ofrece la mesa de la Palabra de Dios y del Cuerpo de Cristo. La Iglesia ha considerado siempre como suprema norma de su fe la Escritura unida a la Tradición, ya que inspirada por Dios y escrita de una vez para siempre, nos transmite inmutablemente la Palabra del mismo Dios; y en las palabras de los Apóstoles y los profetas hace razonar la voz del Espíritu Santo. Por lo tanto, toda la predicación de la Iglesia, como toda la religión cristiana, se ha de alimentar y regir con las Sagradas Escrituras" (Dei Verbum, 21).

V

LA SAGRADA TRADICION

La Sagrada Tradición y las tradiciones

La Sagrada Tradición es toda Revelación divina preservada ante la divina guía de la Iglesia. Al decir que es toda Revelación divina, estamos diciendo que es la palabra de Dios dirigida al hombre, por lo tanto, está en la misma altura y dimensión de la Biblia.

Hablando más técnicamente diremos que es la palabra revelada de Dios no escrita en la Biblia. En conclusión diremos que la Sagrada Tradición no es nada de lo que nosotros comúnmente llamamos tradición. Para entender esto tendremos que distinguir entre la palabra tradición escrita con "t" minúscula y Tradición escrita con "T" mayúscula (Buckner 1996: 3-1).

Cuando leemos o escribimos la palabra tradición con la letra "t" minúscula, nos estamos refiriendo a tradiciones o más bien a costumbres humanas que llegan a ser herencia de la sociedad. Algunos ejemplos de ello son los siguientes: el intercambio de regalos en la fiesta de Navidad en varios países del mundo, el día de Gracias (Thanksgiving) en Estados Unidos, los juegos pirotécnicos el día de la independencia de Estados Unidos (4 de Julio), el desfile militar, el día de la independencia de México (16 de septiembre), etc. Como vemos estas son tradiciones creadas por el hombre que pueden cambiar con el tiempo, puesto que vienen directamente del hombre y no de Dios. Por ejemplo, el desfile militar durante la celebración de la independencia de México pudiera ser cambiado o totalmente eliminado por varios motivos, no siendo así con la Sagrada Tradición de la Iglesia.

Ahora cuando escribimos la palabra Tradición con la letra "T" mayúscula nos estamos refiriendo a la Sagrada Tradición, que siendo parte de la Revelación divina no puede ser cambiada porque viene directamente de Dios y no del hombre. Por ejemplo, la Iglesia no podría suspender la Santa Misa ya que esta Tradición fue directamente recibida de los Apóstoles y es un mandato de Cristo (ver 1 Cor 11, 23-27); la Iglesia no podría proclamar en el pasado la perpetua virginidad de la Virgen María y en el presente asegurar lo contrario. La Sagrada Tradición, como palabra de Dios, debe ser transmitida con fidelidad y preservada bajo la guía de la Iglesia.

Hay que tener bien claro y no confundir la Tradición con costumbres o disciplinas, tales como el santo rosario, el celibato sacerdotal, o el ayuno en tiempo de Cuaresma. Estas costumbres son muy buenas y nos ayudan a crecer en la fe, pero no son doctrinas de la Iglesia. "La Sagrada Tradición preserva las doctrinas que fueron enseñadas primero por Jesús a los Apóstoles de manera oral, y que más tarde nos fueron transmitidas por medio de la Iglesia, por la dirección de los sucesores de los Apóstoles, el Papa y los obispos" (Catholic Answers 1997:3.10).

La palabra tradición proviene de la palabra latina *traditiones*, que significa transmitir. Ya mencionamos anteriormente que "Tradición es la parte de la Revelación divina que no esta escrita en la Biblia y que sin embargo es la Palabra de Dios" (Buckner 1996: 3-2). En particular, estamos hablando de la palabra de Dios que los Apóstoles recibieron por inspiración del Espíritu Santo. Este mensaje fue transmitido por Cristo a los Apóstoles y ellos a su vez lo transmitieron a sus sucesores los Obispos, quienes la han predicado por todo el mundo hasta nuestros días.

Al estudiar la historia de la Iglesia, nos damos cuenta que por casi 1400 años el mundo cristiano no había tenido ningún problema en aceptar la Sagrada Tradición como parte de la Revelación divina. No fue sino hasta el siglo XVI cuando los reformadores protestantes, bajo la guía de Martín Lutero y otros, empezaron a decir que la Biblia era la única fuente de la Revelación de Dios (Hardon 1981: 46). El rechazo de la Tradición como parte de la Divina Revelación contradice al Evangelio y a la misma Biblia, ya que la misma Escritura asegura no contener toda la Revelación de Dios: "Jesús hizo muchas otras cosas. Si se escribieran una por una no habría lugar en el mundo para tantos libros" (Jn 21, 25).

¿Cómo sería posible que durante casi 1400 años todos los cristianos estuvieran en un error y que finalmente los reformadores protestantes encontraran la verdad? En respuesta a esta controversia, la Iglesia católica declaró en el Concilio de Trento que Cristo es la fuente de la salvación y la verdad de toda enseñanza moral y que esta enseñanza está contenida en los libros escritos de la Biblia y en la Sagrada Tradición.

Hay ciertos pasajes en la Biblia donde podemos ver con claridad la enseñanza de la Iglesia con respecto a la Tradición. Dice el apóstol San Pablo:

Por eso hermanos, manténganse firmes y guarden fielmente las tradiciones que les enseñamos de palabra o por carta (2 Tes 2, 15).

Todo lo que han aprendido, recibido y oído de mí, todo lo que me han visto hacer, háganlo (Fil 4, 9).

Lo que aprendiste de mí, confirmado por muchos testigos, confíalo a hombres que merezcan confianza, capaces de instruir después a otros (2 Tim 2, 2).

"La misma Biblia hace referencia a la Tradición oral como base de la fe de los creyentes. En ninguna parte de las Sagradas Escrituras se dice que la Biblia contiene toda la Revelación o que es suficiente para salvarse. Es necesario observar que el apóstol San Pablo, para confirmar la fe de los cristianos no usa solamente la Palabra de Dios escrita, sino recuerda de una manera especial: La Tradición o predicación oral" (Amatulli 1994: 5. 51).

Lo que se transmitió al pueblo de Dios en la Sagrada Tradición cubría dos importantes áreas en la vida de los creyentes. La primera ayudaba al pueblo de Dios a aumentar su fe y la segunda a vivir una vida santa. Al respecto, el Concilio Vaticano II nos ilumina más:

> La predicación apostólica, expresada de un modo especial en los libros sagrados, se ha de conservar por transmisión continua hasta el fin del tiempo. Por eso los Apóstoles, al transmitir lo que recibieron, avisan a los fieles que conserven las tradiciones aprendidas de palabras o por carta (ver 2 Tes 2,15) y que luchen por la fe ya recibida (ver Jud 3). Lo que los Apóstoles transmitieron comprende todo lo necesario para una vida santa y para una fe creciente del Pueblo de Dios; así la Iglesia con su enseñanza, su vida, su culto, conserva y transmite a todas las edades, lo que es y lo que cree (Dei Verbum, 8).

Concluiremos recalcando que tener a la Biblia como la única fuente de la Revelación divina es erróneo. Esta afirmación contradice a la misma Biblia y a quince siglos de cristiandad, durante los cuales se afirmó lo contrario. Por lo tanto, las acusaciones hechas a la Iglesia de tener tradiciones humanas son falsas y no tienen ningún fundamento. Es erróneo, por ejemplo, afirmar que la santa Misa proviene de una tradición humana o que la doctrina de la perpetua virginidad de María es un invento de la Iglesia.

VI
LA SAGRADA TRADICION COMO MENSAJE

Nuestro Señor Jesucristo dijo un día a sus Apóstoles:

Tengo muchas cosas más que decirles, pero ustedes no pueden entenderlas ahora. Y cuando venga él, el Espíritu de la verdad, los introducirá a la verdad total. El no vendrá con un mensaje propio sino que les dirá lo que han escuchado, y les anunciará las cosas futuras. Me glorificará porque recibirá de lo mío para revelárselos a ustedes. Todo lo que tiene el Padre también es mío. Por eso les he dicho que recibirá de lo mío para anunciárselo (Jn 16, 12-15).

"Los Apóstoles fueron testigos oculares de las acciones y palabras de Cristo en la tierra. Estas acciones y palabras de Jesús fueron recordadas en sus predicaciones y testimonio de su experiencia de fe. Aquellos Apóstoles y otros que escribieron sus experiencias de fe, lo hicieron a través de una inspiración especial del Espíritu Santo. El Espíritu de la Verdad, que es el autor sagrado de las Sagradas Escrituras, Antiguo y Nuevo Testamento. Estos escritos inspirados que más tarde vinieron a formar parte de la Biblia, llegaron a la existencia dentro de una definitiva Tradición" (Buckner 1993: IV, 3-2).

La Tradición se divide en tres partes de acuerdo a su origen:

divina, iniciada por Dios y Nuestro Señor Jesucristo; apostólica, iluminada por el Espíritu Santo; y eclesiástica, que fue recibida a través en la Iglesia después del tiempo de los Apóstoles.

Jesucristo envió a sus Apóstoles a predicar y no a escribir sus palabras. De entre todos los Apóstoles solamente algunos de ellos escribieron de la vida y milagros de Jesús. Es interesante notar que Nuestro Señor Jesucristo nunca escribió nada de su enseñanza. Solamente en una ocasión se dice que Jesús escribió con sus dedos en la tierra (ver Jn, 8,2-11) y es cuando una mujer fue sorprendida en adulterio y la llevaron ante él.

Pero no se sabe nada de lo que escribió en esa ocasión, puesto que no contamos con ningún dato histórico al respecto (Buckner 1993: II, 2). Con esto no estamos menospreciando lo que algunos Apóstoles escribieron, sino que estamos remarcando que la Palabra de Dios no solamente se difundió entre los primeros cristianos a través de los Evangelios y cartas, sino también por la Tradición viviente de una comunidad de creyentes.

La Tradición de los Apóstoles

"Cristo encomendó a los Apóstoles la tarea de predicar su palabra con autoridad y en su nombre" (Wuerl, Lawler, Comerford 1995: 2. 182). Jesús no los dejó solos, sino que les prometió que el Espíritu Santo los guiaría en la verdad de su palabra:

Y yo rogaré al Padre y les dará otro Intercesor que permanecerá siempre con ustedes. Este es el Espíritu de la Verdad, que el mundo no puede recibir porque no lo ve ni lo conoce. Pero ustedes saben que él permanece con ustedes. No los dejaré huérfanos sino que vengo a ustedes. Dentro de poco, el mundo ya no me verá, pero ustedes me verán , porque yo vivo, y ustedes también vivirán.

En ese día ustedes comprenderán que yo estoy en mi Padre, y que ustedes están en mí, y yo en ustedes (Jn 14, 16-20).

Jesucristo también les encomendó que enseñaran su palabra a todas las naciones, diciéndoles que quienes los escucharan, estarían escuchando a él mismo. Además, les promete estar con ellos hasta que termine este mundo:

Todo poder se me ha dado en el cielo y en la tierra. Por eso, vayan y hagan que todos los pueblos sean mis discípulos. Bautícenlos, en el nombre del Padre y del Hijo y del Espíritu Santo, y enséñenles a cumplir todo lo que yo les he encomendado. Yo estoy con ustedes todos los días hasta que termine este mundo (Mt 28, 18-20).

Estas palabras de Jesús no solamente fueron para sus primeros doce Apóstoles, sino que también están dirigidas a sus sucesores. Decir que Jesús solamente le entregó la autoridad de la Iglesia a los doce Apóstoles y que esta autoridad terminó con la muerte de ellos, contradice las palabras del Señor, ya que con la muerte de los Apóstoles este mundo no se terminó. Claramente las palabras de Jesús son para ellos y los sucesores de éstos, los Obispos y el Papa.

De los doce Apóstoles solamente tenemos escritos asociados con algunos de ellos. Estos escritos se encuentran en el Nuevo Testamento. San Marcos y San Lucas no fueron del grupo de los doce Apóstoles. San Pablo tampoco fue uno de ellos, se le considera apóstol debido a su inesperada conversión en el camino de Damasco. Ahí Jesús le dio la misión de predicar el Evangelio. De acuerdo al Evangelio de San Mateo, los doce Apóstoles eran "Simón, llamado Pedro, y su hermano Andrés; Santiago el de Zebedeo y su hermano Juan; Felipe y Bartolomé; Tomas y Mateo el publicano; Santiago el de Alfeo y Tadeo; Simón el cananeo y Judas Iscariote" (Mt 10, 2-4).

Se cree que los Apóstoles y sus discípulos convivieron con Jesús por un período de unos tres años, durante los cuales tuvieron la oportunidad de conocer las intensiones más secretas del corazón de Jesús. Ellos escucharon sus palabras y presenciaron sus milagros. Después de la muerte y Resurrección del Señor, ellos obedeciendo al mandato de Jesús se dedicaron a predicar el Evangelio. Este Evangelio estaba basado en la predicación oral y escrita de los testigos oculares de Jesús. San Lucas nos describe la primera comunidad de creyentes y la manera en que el Evangelio se difundió:

Varias personas han tratado de narrar las cosas que pasaron entre nosotros, a partir de los datos que nos entregaron aquellos que vieron y fueron testigos desde el principio y que, luego, se han hecho servidores de la Palabra.

Siendo así, también yo he decidido investigar hasta el origen de esta historia y componer para ti, excelente Teófilo un relato ordenado de todo. Con esto, todas aquellas cosas que te han enseñado cobrarán plena claridad (Lc 1, 1-4).

Si analizamos en detalle este pasaje del Evangelio de San Lucas, encontraremos cinco puntos muy interesantes donde se deja ver el papel importantísimo que ocupó la Tradición apostólica en los primeros comienzos de la Iglesia:

1. El está verificando las cosas que pasaron entre ellos.

2. Esto fue transmitido por testigos oculares de Cristo.

3. El no quiere aconsejar aquello que haya sido erróneamente enseñado.

4. El esta afirmando verdades, de aquellas cosas que la audiencia ha escuchado.

5. El esta compilando narraciones de aquellas cosas que se han verificado entre ellos.

"San Lucas nos quiere decir que el Evangelio que el escribierá era esencialmente un resumen de la vida, enseñanza, pasión, muerte y resurrección de Jesús. En conclusión lo que él nos quiere decir en este pasaje, que es la introducción de su Evangelio, es que la vida y hechos de Jesús ocurrieron dentro de una comunidad y que la información acerca de estos hechos pertenecen a esta comunidad y han sido fielmente transmitido por ella" (Buckner 1993: III, 3).

Esto significa que la enseñanza de los Apóstoles nos llegó por medio de la enseñanza oral, o sea la Tradición. La victoria de Cristo no fue algo fuera de la comunidad de creyentes, ya que ellos mismos la habían experimentado, captando su significado y transmitiéndola a otros.

Tradición eclesial

En sus cartas el apóstol San Pablo deja ver su entusiasmo y alegría por predicar el Evangelio de Cristo. Aquí analizaremos como él entendió el contenido y el proceso de transmisión del Evangelio de Cristo. Analizaremos ciertos pasajes de la Biblia, que nos ayudarán a entender como la Tradición tuvo un papel importantísimo en su ministerio y por consiguiente en la Iglesia primitiva.

En la primera carta que San Pablo escribió a los corintios, él les habla de la Tradición que deben conservar y del comportamiento que deben guardar:

Sigan mi ejemplo, como yo sigo el de Cristo, los alabo porque en todo se acuerdan de mí y porque guardan las tradiciones conforme se las he entregado (1 Cor 11, 1-2).

Si leemos más adelante en el versículo 23 del mismo capítulo 11, les dice:

Yo mismo recibí esta tradición del Señor que, a mi vez, les he transmitido (1 Cor 11, 23).

Como vemos la Iglesia primitiva poseía una tradición verdadera y sólida de la enseñanza de Jesús el Señor. Aquí claramente el apóstol San Pablo no se está refiriendo a tradiciones humanas como hablamos al comienzo de este libro, sino a una Tradición divina, verdadera y sólida. Por lo tanto, se caería en un error al confundir la Tradición divina de la Iglesia con tradiciones humanas (Keating 1988: 134-141)

Si hacemos a un lado la Tradición de los Apóstoles, guardada fielmente en la Iglesia, dejamos al Evangelio desnudo e indefenso y a la misma Biblia sin ningún fundamento de donde partir para asegurar su veracidad. Es por eso que el apóstol San Pablo se preocupó por conservar la verdadera enseñanza de Jesús en la Tradición. Les escribe a los Tesalonicenses:

Por eso hermanos, manténganse firmes y guarden fielmente las tradiciones que les enseñamos de palabra o por carta (2 Tes 2, 15).

El apóstol San Pablo hace una clara distinción de la manera que el Evangelio era transmitido, cuando dice: "de palabra o por carta". Esto certifica que en la primera comunidad de creyentes, circulaban escritos y cartas de los apóstoles y al mismo tiempo una tradición

oral, que contenía también las enseñanzas de Jesús. Esta Tradición
o enseñanza de Cristo era cuidada celosamente por los primeros
creyentes. Es por eso que el apóstol San Pablo al escribir a Timoteo
le previene que algunos querrán enseñar doctrinas extrañas a la
enseñanza de la Iglesia:

> *Al partir para Macedonia, te rogué que te quedaras en Efeso*
> *para advertir a algunos que no enseñaran cualquier cosa ni*
> *tomaran en cuenta leyendas y genealogías interminables. Estas*
> *son cosas que acarrean discusiones y no sirven a la obra de Dios,*
> *la cual progresa más bien por la fe. Y te doy este aviso, que el*
> *amor preceda de una mente limpia, una conciencia buena y*
> *una fe sincera.*

> *Por haberse apartado de esta línea, algunos se han enredado en*
> *palabrerías inútiles. Pretenden ser maestros de la ley cuando,*
> *en realidad, no entienden ni lo que dicen, ni las teorías de que*
> *parecen tan seguros (1 Tim 1, 3-7).*

Desde la edad apostólica, hubo algunos que no estuvieron de
acuerdo en la interpretación del mensaje de Cristo y trataron de enseñar
doctrinas extrañas a la fe de los Apóstoles. La misma Sagrada
Escritura apoya la Tradición, sin embargo ésta deberá ser la vida y
la fe de Cristo. Trasmitiendo lo que enseñó con su ejemplo y su amor.
La enseñanza que hemos recibido de Jesús a través de los Apóstoles y
la Iglesia es un testimonio vivo de lo que ellos mismo vivieron.

Los Santos Padres de la Iglesia

"Los Santos Padres de la Iglesia fueron escritores que vivieron
en los primeros siglos de nuestra era cristiana, y la Iglesia los
reconoce como testigos especiales de la fe" (Buckner 1996: III, 4).

También se dice que "desde el comienzo de la Iglesia, el titulo de Padres se aplicaba al Obispo como testigo de la Tradición cristiana" (Wuerl, Lawler, Comerford 1995: 2. 504). Los obispos en ese tiempo eran maestros, por lo tanto, este título se le aplicaba por la relación que existía entre el obispo y sus estudiantes. Un claro ejemplo al respecto lo encontramos en la carta que el apóstol San Pablo escribió a los Corintios:

Pues aunque tuvieran en Cristo a diez mil guías que cuiden sus pasos, no cabe lugar para muchos padres (1 Cor 4, 13).

Más tarde este término de "Padre" no sólo se le aplicó al obispo, sino también a aquellos escritores que eran aceptados como representantes de la Tradición de la Iglesia. Podemos observar que aunque San Jerónimo no fue Obispo, San Agustín lo cuenta entre los Padres de la Iglesia.

Hoy en nuestros días se aplica el título de Padres de la Iglesia a los escritores que tengan estas cuatro características: ortodoxia en la doctrina, santidad en sus vidas, aprobación eclesiástica y antigüedad. La era patrística no esta determinada específicamente.

En un sentido también podríamos decir que los Apóstoles fueron Santos Padres. Se dice que la era patrística comenzó con los primeros escritos cristianos canónicos. Algunas veces se les llama Padres Apostólicos a los autores de estos escritos del primer y segundo siglo, porque tuvieron contacto personal con los Apóstoles. Este término no fue usado por la Iglesia primitiva, sino que fue introducido por eruditos en el siglo XVII y se le ha aplicado a San Clemente de Roma, San Ignacio de Antioquía, San Policarpo de Smyrna, Hermas, Papías de Hierópolis y a los autores anónimos de la Carta de Barnabás, la Carta de Diognetus y la Didache.

El Concilio Vaticano II, al hablar de la divina Tradición, nos dice de los Santos Padres:

"La enseñanza de los Santos Padres testifican la presencia viva de esta Tradición, cuyo tesoros se comunican a la práctica, a la vida de la Iglesia creyente y orante. Por esta Tradición conoce la Iglesia el Canon íntegro de los libros sagrados, y la misma Sagrada Escritura se va conociendo en ellas más a fondo y se hace incesantemente operativa; y de esta forma, Dios que habló en otro tiempo, habla sin intermisión con la Esposa de su amado Hijo y el Espíritu Santo, por quien la voz del Evangelio resuena viva en la Iglesia, y por ella en el mundo, va induciendo a los creyentes en la verdad entera, y hace que la palabra de Cristo habite en ellos abundantemente" (Dei Verbum, 8).

Algunos aspectos de la vida de la fe y entendimiento doctrinal fueron puestos por escrito por los Santos Padres de la Iglesia. Muchos de estos escritos tuvieron el objetivo de esclarecer errores heréticos de la doctrina de la Iglesia. Los santos Padres también escribieron para aquellos que recién entraban a la Iglesia y de esa forma pudieran crecer en la fe. Una cosa muy interesante que se observa en estos escritos, es la frecuencia con que se menciona la Sagrada Escritura. Estos escritos —que comprenden desde el primer siglo hasta el octavo— suelen ser agrupados bajo el término de "teología patrística".

Comúnmente a los Santos Padres de la Iglesia los dividimos en latinos o del Occidente y griegos o del Oriente. El último de los Padres del Occidente fue San Isidoro de Sevilla (560- 636) y el último del Oriente fue San Damasceno (675-749).

Los escritos de los Santos Padres de la Iglesia tienen su origen en el primer siglo con San Clemente de Roma y San Ignacio de Antioquía. En sus escritos citan con frecuencia a las Sagradas Escrituras y la enseñanza de los Apóstoles.

Además de San Irineo, escritores como Cipriano, Orígenes,

Tertuliano y otros han afirmado que el Evangelio debe ser leído y contemplado en la Iglesia, como si fuera un cuerpo. Mencionaremos tres párrafos de un escrito de San Irineo (180 D.C.) llamado *Adversus Heareses* (Contra los herejes). En estos párrafos nos daremos cuenta del papel importantísimo que tenia la Tradición en la Iglesia primitiva:

Y quizá porque los Apóstoles no nos dejaron ellos mismos casi ningún escrito. ¿No deberíamos seguir el curso de la Tradición que ellos entregaron a aquellos quienes confiaron en la Iglesia? (III.4.1).

En esta ley encerramos muchas naciones de los gentiles, quiero decir a aquellos quienes en Cristo, teniendo la Salvación escrita por el Espíritu en sus corazones, no con papel, ni tinta, sino diligentemente guardada por la Antigua Tradición (III.4.2).

Los benditos Apóstoles, después de haber fundado y edificado la Iglesia, encomendaron a Lino el ministerio del episcopado. De este Lino, Pablo hace mención en la carta a Timoteo. A Lino lo sucedió Anacleto y después de él, en tercer lugar de los Apóstoles fue Clemente, el cual fue nombrado Obispo. Este hombre (Clemente) habiendo visto a los Apóstoles y conversado con ellos, se puede decir de él, que todavía la predicación de ellos hace eco en sus oídos y sus tradiciones en sus ojos. (III.3.3).

La exhortación de San Irineo, de mantener la "Antigua Tradición", hace eco de lo que el apóstol Pablo le decía a Timoteo y que ya mencionamos.

Concluiremos diciendo primero que la Tradición de la Iglesia deberá ser preservada y segundo que debe ser antigua y no algo nuevo. La divina Revelación terminó con Nuestro Señor Jesucristo, y ya después de ésta no hay ninguna otra revelación pública. Es por eso que la Iglesia guiada por el Espíritu de la verdad, escucha a su maestro Jesús cuando dice: "En adelante el Espíritu Santo Intérprete, que el Padre les enviará en mi Nombre, les va a enseñar todas las cosas y les recordará todas mis palabras" (Jn 14, 26).

VII

LA TRANSMISION DE LA TRADICION

⚜

*L*a Iglesia está encargada de transmitir el mensaje de la Divina Revelación, que se encuentra en las Sagradas Escrituras y en la Tradición. Existen tres principales canales por medio del cual la Tradición ha sido transmitida a través de los tiempos por la Iglesia:

1. Por la profesión de fe (Credo de los Apóstoles).

2. A través de la liturgia y el culto.

3. Por medio de los escritos de los Padres de la Iglesia, los cuales testifican la vida de la Iglesia.

Hasta el momento hemos llegado a la conclusión de que la Revelación de Dios usó dos grandes instrumentos para mantenerse y transmitirse. Estos dos instrumentos son las Sagradas Escrituras y la Tradición. La Tradición que se nos transmite debe ser estudiada para asegurar su veracidad y autenticidad, teniendo en cuenta que el Espíritu Santo vive en la Iglesia y guía a sus miembros como Jesús lo prometió.

¿Que pasaría si algún miembro de la Iglesia dijera que el Espíritu Santo lo está guiando a un entendimiento diferente del Evangelio? Este problema fue enfrentado por la Iglesia desde los comienzos de la cristiandad (Amatulli 1994). Ya hubo desde el principio quienes no estuvieron de acuerdo con la enseñanza de los Apóstoles. Al respecto, veamos lo que el apóstol Pablo le escribe a los Gálatas:

Me extraña que tan pronto hayan abandonado a Dios que, según la Gracia de Cristo, los llamó, para seguir otro Evangelio. No es que haya otro, sino que ciertas personas han sembrado la confusión entre ustedes y quieren dar vuelta al Evangelio de Cristo. Pero aunque viniéramos nosotros o viniera algún ángel del cielo para anunciarles el Evangelio de otra manera que lo hemos anunciado, ¡sea maldito!. Ya se los dijimos antes, pero ahora lo repito: si alguien viene con un Evangelio que no es lo que ustedes han recibido, ¡sea maldito!

Comprendan ahora si trato de conciliarme con los hombres o si más bien obedezco a Dios. ¿Creen qué yo busco agradar a los hombres? Si todavía buscara yo agradar a los hombres, ya no sería siervo de Cristo (Gál 1, 6-10).

Por esta lectura bíblica podemos concluir que la comunidad de Galacia ya poseía un Evangelio predicado por los Apóstoles, a través de cartas y Tradiciones enseñadas. Por lo tanto, quienes pretendían enseñar algo distinto, estaban en contra de la Iglesia de Cristo. Al respecto, el apóstol San Juan nos dice:

Queridos míos, no se fíen de cualquier inspiración. Examinen los espíritus para ver si vienen de Dios, por que muchos falsos profetas andan por el mundo. El que reconoce que Cristo Jesús se hizo hombre, habla de parte de Dios. En esto reconocerán al que Dios inspira. En cambio, si alguien no reconoce a Jesús, ese no habla de parte de Dios, sino que habla como el Anticristo (1 Jn 4, 1-3).

Los Apóstoles fueron los encargados de transmitir el Evangelio a los primeros creyentes. Además, su trabajo era el de mantener y guardar con celo la enseñanza de Jesús. Por eso, les preocupaban las ideas erróneas de los falsos profetas que los creyentes pudieran escuchar. Este celo por cuidar la verdadera enseñanza de Cristo fue encomendada también a sus sucesores, que con el mismo ahínco lucharon por mantener la verdad. Esto lo verificamos en los escritos de los Santos Padres de la Iglesia.

Así como en los tiempos de los Apóstoles la Iglesia se enfrentó a los oponentes del Evangelio de Cristo, de la misma forma hoy en día nuestra Iglesia enfrenta una oposición quizá diferente en su manera de presentarse, pero con la misma intención de alterar el mensaje de Cristo. Es hora de que con toda responsabilidad, los católicos enfrentemos esa oposición, presentando el Evangelio de Cristo tal como lo enseña nuestra Iglesia. Nuestra unidad al Papa, a los Obispos y el Magisterio, garantiza la derrota de los adversarios.

La autoridad de los Apóstoles en la Iglesia primitiva

El éxito de cualquier organización humana depende de la calidad de sus dirigentes. El papel de un buen dirigente es el de ayudar a su organización a alcanzar sus metas, conservando sus principios. No podemos imaginar que Nuestro Señor Jesucristo, como el fundador de una nueva organización o Iglesia, dejara al libre albedrío una organización de tan gran magnitud e importancia para la salvación del hombre. La lógica nos lleva a concluir que Jesús dejó encargada su Iglesia a los Apóstoles y ellos a sus sucesores, hasta el final de los tiempos. Desde el comienzo, vemos como en la Iglesia primitiva, los problemas que surgían eran resueltos por dirigentes humanos (Apóstoles), que en nombre de Cristo y con la guía del Espíritu Santo ejercían su ministerio. San Pablo, escribiéndoles a los Gálatas, les dice que, después de haber predicado por catorce años el Evangelio, fue a Jerusalén. Ya el apóstol había estado anteriormente en Jerusalén, como se menciona en los Hechos de los Apóstoles, inmediatamente después de su conversión. En esta carta San Pablo nos hace ver con claridad la autoridad existente de parte de los Apóstoles en la Iglesia primitiva:

Después de catorce años, subí a Jerusalén con Bernabé, llevando a Tito con nosotros. Yo fui siguiendo una revelación para exponerles el Evangelio que anuncio a los paganos; también conversé con los dirigentes en una reunión privada no sea que trabajara o hubiera trabajado inútilmente. Pero no impusieron la circuncisión, ni siquiera a Tito, que es griego y que estaba conmigo. Y esto, a pesar de los falsos hermanos intrusos, que se habían introducido para espiarnos y ver cómo vivimos la libertad que Cristo nos ha dado.

Ellos querían someternos a la esclavitud de la Ley, pero nos negamos a ceder, aunque fuera por un momento, porque, de otra manera, ustedes habrían perdido la verdad del Evangelio.

Los otros, que no me dieron nuevas instrucciones, eran los dirigentes de más consideración (lo que hayan sido antes no me importa, pues Dios no se fija en la condición de las personas). Reconocieron que a mí me había sido encargada la evangelización de los pueblos paganos, como a Pedro le fue encargada la de los judíos. Pues de la misma manera que Dios hizo de Pedro el apóstol de lo judíos, hizo de mi el apóstol de los paganos.

Santiago, Pedro y Juan reconocieron las gracias que Dios me concedió. Esos hombres, que pasan por los pilares de la Iglesia, nos estrecharon la mano a mí y a Bernabé en señal de comunión: nosotros iríamos donde los paganos, y ellos, donde los judíos. Solamente nos invitaron a tener presente la pobreza de los hermanos de Jerusalén, lo cual he tenido cuidado en cumplir (Gál 2, 1-10).

Esta parte de la Escritura habla muy claro de la "autoridad". San Pablo dice que su autoridad fue reconocida por aquellos que eran llamados los "pilares de la Iglesia". Por eso al hablar con Pedro y Santiago, se cerciora de su propia autoridad, pues como él mismo dice: no sea que yo estuviera trabajando en vano.

Cristo transmite su autoridad a sus Apóstoles

Es interesante ver en los Evangelios la reacción de los que escucharon a Nuestro Señor Jesucristo. Algunos admiraban la autoridad con que Cristo predicaba el Evangelio. En el Evangelio de San Marcos, se deja ver como la gente quedaba cautivada por esta autoridad:

Cuando Jesús terminó estos discursos, lo que más había impresionado a la gente era su modo de enseñar, porque hablaba con autoridad y no como los maestros de la Ley que tenían ellos (Mt 7, 28-29).

San Marcos remarca este detalle en la predicación de Jesús:

Entonces el asombro de todos fue tan grande que se preguntaban unos a otros: ¿Qué es esto? ¡Con que seguridad enseña esta nueva doctrina! Incluso le obedecen los espíritus malos (Mc 1, 27).

Jesús les hizo ver claramente a sus discípulos y a sus oyentes, que su autoridad provenía del Padre:

Mi enseñanza no es mía, sino del que me envió. El que haga la voluntad de Dios comprobará si mi enseñanza viene de él, o si hablo por mi propia cuenta (Jn 7, 16-17).

Más adelante, Jesús dice:

Hace tiempo que estoy con ustedes ¿y todavía no me conoces, Felipe? El que me ha visto a mí ha visto al Padre. ¿Cómo, pues, dices: Muéstranos al Padre? ¿No crees que yo estoy en el Padre, y que el Padre esta en mí? (Jn 14, 9).

Por estos pasajes bíblicos hemos constatado el poder de la autoridad divina con que Jesús predicaba el Evangelio. Continuando con nuestro análisis de la palabra de Dios, dejaremos que la Palabra de Dios nos hable por sí misma, y descubriremos como esta autoridad divina fue transmitida por Jesús a los Apóstoles. Dos pasajes interesantes introducen esta descripción:

Simón, mira que Satanás ha pedido permiso para sacudirlos a ustedes como hace con el trigo; pero yo he rogado por ti para que tu fe no se venga abajo. Tú me conoces, cuando hayas vuelto, tendrás que fortalecer a tus hermanos (Lc 22, 31-32).

En el Evangelio de San Juan leemos ese hermoso pasaje donde Jesús le encarga a San Pedro el cuidado de la nueva Iglesia fundada por él:

Después que comieron Jesús dijo a Simón Pedro: "Simón hijo de Juan, ¿me amas más que éstos?" Este contestó: "Si, Señor, tú sabes que te quiero. Jesús dijo: Apacienta mis corderos".

Y le pregunto por segunda vez: "Simón, hijo de Juan, ¿me amas?"
Pedro volvió a contestar: "Sí, Señor, tú sabes que te quiero". Jesús
le dijo: "Cuida mis ovejas".

Insistió Jesús por tercera vez: "Simón Pedro, hijo de Juan, ¿me
quieres?" Pedro se puso triste al ver que Jesús le preguntaba por
tercera vez si lo quería. Le contestó: "Señor, tú sabes todo, tú
sabes que te quiero". Entonces Jesús le dijo: "Apacienta mis ovejas"
(Jn 21, 15-17).

En el Evangelio de San Juan vemos que Jesús, orando por sus
Apóstoles, le pide al Padre que proteja, guíe y bendiga a quienes
escuchen sus palabras y crean en él:

No ruego solamente por ellos, sino también por todos aquellos
que por su palabra creerán en mí. Que todos sean uno como tú,
Padre, estás en mí, y yo en ti. Sean también uno en nosotros: así
el mundo creerá que tú me has enviado (Jn 17, 20-21).

Un pasaje muy importante en el Evangelio de San Mateo es
cuando Jesús entrega la autoridad de su Iglesia al Apóstol Pedro:

Jesús les preguntó: "¿Y ustedes, quién dicen que soy yo?" Simón
contestó: "Tu eres el Cristo, el Hijo del Dios vivo". Jesús le
respondió: "Feliz eres, Simón Bar-jona, porque no te lo enseño
la carne ni la sangre, sino mi Padre que está en los Cielos. Y
ahora yo te digo: Tu eres Pedro, o sea Piedra, y sobre esta piedra
edificaré mi Iglesia y las fuerzas del Infierno no la pondrán
vencer. Yo te daré las llaves del Reino de los Cielos: todo lo que
ates en la tierra será atado en los Cielos, y todo lo que desates en
la tierra será desatado en los Cielos" (Mt 16, 15-19).

Esta autoridad transmitida por Jesús a San Pedro no termina con la muerte del apóstol, sino que continúa a través de sus sucesores —los Obispos— y principalmente en la persona del Papa. En el mismo Evangelio encontramos otro pasaje que nos habla de la autoridad de Jesús transmitida a sus Apóstoles:

Entonces Jesús, acercándose, les habló con estas palabras: Todo poder se me ha dado en el Cielo y en la tierra. Por eso, vayan y hagan que todos los pueblos sean mis discípulos. Bautícenlos, en el Nombre del Padre y del Hijo y del Espíritu Santo, y enséñenles a cumplir todo lo que yo les he encomendado. Yo estoy con ustedes todos los días hasta que se termine este mundo (Mt 28, 18-20).

Estas citas de las Sagradas Escrituras demuestran que la autoridad para enseñar, servir y alimentar al pueblo de Dios, viene directamente de Nuestro Señor Jesucristo. Esta autoridad les fue concedida a los Apóstoles, por su fe en Jesús. Es a través de ellos, que llegaron a creer y recibir la protección del Padre Celestial. El Catecismo de la Iglesia Católica dice lo siguiente al respecto:

La transmisión del Evangelio, según el mandato del Señor, se hizo de dos maneras:

Oralmente: los apóstoles, con su predicación, sus ejemplos, sus instituciones, transmitierón de palabras lo que habían aprendido de las obras y palabras de Cristo y lo que el Espíritu Santo les enseño.

Por escrito: los mismos apóstoles y otros de su generación pusieron por escrito el mensaje de la salvación inspirados por el Espíritu Santo (#76).

VIII
EL MAGISTERIO DE LA IGLESIA

$\mathcal{E}$n el Concilio Vaticano II, encontramos que "el oficio de interpretar la Palabra de Dios, oral o escrita, ha sido encomendado únicamente al Magisterio de la Iglesia, el cual lo ejercita en nombre de Jesucristo" (Dei Verbum, 8). Esto no quiere decir que el Magisterio está por encima de la Palabra de Dios, sino que está a su servicio, para enseñar —con la asistencia del Espíritu Santo— puramente lo trasmitido por mandato divino. Además, afirma que el Magisterio escucha, protege y explica fielmente este mensaje. De este depósito de fe, toma lo que propone por Dios para ser creído.

La palabra Magisterio proviene del término latino *magisterium*, que quiere decir maestro. El termino abarca lo que es el ministerio de enseñanza de la Iglesia, del cual los Obispos y el Papa están a cargo.

San Pedro fue el primer Papa y líder de los Apóstoles. Originalmente se llamaba "Simón", pero Jesús le puso el nombre arameo de *"Kefas"*, que en griego equivale a "Pedro". San Juan en su Evangelio nos dice que al ser presentado por su hermano Andrés ante Jesús, éste miró fijamente a Simón y le dijo: "Tú eres Simón, hijo de Juan; te llamarás Kefas, que quiere decir Piedra" (Jn 1, 42). Este nombre ciertamente era apropiado para un hombre de fuerte carácter, aunque tomó un significado metafórico cuando Jesús añadió: " y sobre esta piedra edificaré mi Iglesia y las fuerzas del Infierno no la podrán vencer". Nunca antes se le había dado el nombre de Pedro o Kefas a alguien. Ciertamente al nombrarlo así Cristo le había encargado una misión muy especial.

En los escritos de los Santos Padres, encontramos referencias donde se dice que los sucesores de Pedro, los obispos de Roma — quienes desde los tiempos más antiguos han gozado del afectuoso título de "Papa", que significa "padre" en latín— continuaron ejerciendo el ministerio de Pedro en la Iglesia. El Papa es el sucesor de Pedro como obispo de Roma. Los demás obispos del mundo son sucesores de los Apóstoles en general.

Para entender la Revelación de Dios y sobre todo las Sagradas Escrituras, se deben tener en cuenta tres cosas muy importantes: La Tradición, las Sagradas Escrituras y el Magisterio de la Iglesia. Cuando la Biblia se interpreta dentro de este contexto, se logra descubrir el verdadero mensaje que Dios comunicó para la salvación de la humanidad. Sería un gran error tomar solamente la Biblia y dejar a un lado la Tradición y el Magisterio, ya que los tres forman un conjunto que se complementan mutuamente. El Concilio Vaticano II nos dice al respecto:

> Así pues, la Tradición, la Escritura y el Magisterio de la Iglesia, según el plan prudente de Dios, están unidos y ligados, de modo que ninguno puede subsistir por sí mismo; los tres, cada uno según su carácter, y bajo la única acción del Espíritu Santo, contribuyen eficazmente a la salvación de las almas (Dei Verbum, 10).

El Magisterio de la Iglesia se lleva acabó en tres niveles:

1. Ejercido por el Papa, como Vicario de Cristo y cabeza visible de la Iglesia en la tierra.

2. Ejercido también por el Colegio Apostólico de los Obispos.

3. Ejercido de igual modo por el "ministerio profético" de toda la Iglesia, que incluye presbíteros y fieles. Todos tienen la responsabilidad de "transmitir" el mensaje de Jesús.

Christopher Buckner nos explica, en simples palabras, como actúa el Magisterio en un caso donde se necesita juzgar la autenticidad de una doctrina de la Iglesia:

> Sin embargo, cuando emerge una disputa que requiere un juicio para verificar la autenticidad de aquello que se esta enseñando, el Papa, en unión con los Obispos, toma una decisión con respecto a esa disputa. Su decisión deberá ser fiel y leal. Su autoridad también deberá ser auténtica, como la de sus predecesores. Ellos (los Obispos) tienen un carisma especial en la interpretación de la doctrina de Jesús, en virtud de su ministerio. El ejercicio de este carisma por el Magisterio nos ayuda a estar seguros de que el mensaje que se nos ha transmitido es el auténtico mensaje de Jesús y por lo tanto el auténtico Evangelio (Buckner 1996: III, 7).

Es muy importante recordar que los Obispos deben estar en comunión con el Papa en la resolución de cualquier disputa de la doctrina de Cristo. Por ejemplo: si un grupo de Obispos de cierta región o país se pusiera de acuerdo en algún tema doctrinal concerniente a la fe o moral, pero el Papa no estuviera de acuerdo, no podríamos aceptar tal decisión como enseñanza oficial de la Iglesia. Sin embargo el Papa, como representante de Cristo en la Tierra y como cabeza visible de la Iglesia, puede hacer una declaración acerca de la doctrina sin el consentimiento de los Obispos (ver Mt 16, 18). Y sin embargo, a través de la historia de la Iglesia descubrimos que los Papas han consultado la mayoría de las veces con los Obispos. Un ejemplo de ello han sido los concilios ecuménicos.

La Iglesia tiene la seguridad de enseñar la verdad, pues Cristo prometió a sus Apóstoles que estaría con ellos hasta el final del mundo. Como el mundo no se terminó con la muerte de los Apóstoles, esta promesa se extiende a los Obispos (ver Mt 28, 20). Es un hecho que no se puede negar que por casi 2000 años la Iglesia católica ha estado enseñando la doctrina de Cristo sin ninguna interrupción. Esto claramente es una gran señal de que Cristo está con nosotros.

‣ El Solemne Magisterio Extraordinario

El Magisterio de la Iglesia generalmente es ejercido de dos maneras: en el solemne Magisterio extraordinario y en el Magisterio ordinario o universal.

El Magisterio extraordinario es el ministerio de enseñanza de la Iglesia, ejercido de manera solemne en declaraciones formales del Papa. Esta forma de ejercer el Magisterio sirve a la Iglesia en los pronunciamientos dogmáticos de verdades divinamente inspiradas. Estos pronunciamientos solemnes son infalibles cuando toman la forma de definición Papal y conciernen la fe y moral de la Iglesia (ver Mt 16, 18-19).

El Magisterio extraordinario es ejercido por la Iglesia cuando nuestra fe católica necesita ser aclarada. Las respuestas del Magisterio extraordinario a las necesidades que han surgido a través de los tiempos siempre han sido específicas y directas. Estos pronunciamientos siempre han estado de acuerdo con las enseñanzas de Cristo.

Muchas veces estos solemnes pronunciamientos se han hecho con el propósito de contrarrestar interpretaciones erróneas de los misterios básicos de nuestra fe, que se encuentran explícitamente fundados en la Biblia. Ya que todo error, por muy insignificante que parezca, siempre siembra confusiones entre los fieles, el Magisterio extraordinario tiene la tarea de explicar esos misterios en forma clara. Un ejemplo de estos solemnes pronunciamientos son los que han surgido respecto a la Santísima Trinidad, la Encarnación y la Redención.

El Magisterio extraordinario funciona en dos circunstancias:

1. A través de pronunciamientos que se hacen en los concilios ecuménicos, llamados así porque en ellos todos los Obispos del mundo se reúnen. Los pronunciamientos que se realizan en estos concilios son considerados infalibles y dogmáticos. Los documentos conciliares son firmados por los Obispos y por el Papa. Sin la firma del Papa no se podría considerar dicho documento infalible y por lo tanto, no se estaría ejerciendo el Magisterio extraordinario.

2. La otra circunstancia —quizá la menos frecuente donde la Iglesia ejerce el Magisterio extraordinario— es en los solemnes pronunciamientos magisteriales, realizados por el Papa después de una consulta general con los fieles, presbíteros y Obispos de la Iglesia. Un ejemplo de estos pronunciamientos son las solemnes declaraciones de la Inmaculada Concepción y la Asunción de María.

El Magisterio Ordinario o Universal

Es el ministerio de enseñanza de la jerarquía eclesial bajo las órdenes del Papa, ejercido normalmente a través de la enseñanza regular que instruye a los fieles. Cuando esta enseñanza universal colectivamente es dirigida a los fieles, es también infalible. El Magisterio ordinario consiste de otras verdades de nuestra fe católica, que aunque nunca han sido solemnemente definidas por ningún concilio ecuménico o pronunciamiento de la Iglesia, expresan la fe de los fieles. Un ejemplo es la perpetua virginidad de la Virgen María.

Los Obispos normalmente enseñan a la Iglesia de manera pastoral. Enseñan el Evangelio, procuran por la instrucción y la catequesis de sus fieles a cargo, y cuidan de las formas de oración y celebración de la liturgia en su diócesis. Además, en sus instrucciones a través de "cartas pastorales" guían a los fieles en el crecimiento de la fe, para que alcancen la Salvación. Así es como ejercen el Magisterio ordinario.

Aunque cada uno de los prelados por sí mismo no posea la prerrogativa de la infalibilidad, convienen en un mismo parecer como maestros auténticos que exponen de manera definitiva una doctrina en las cosas de la fe y costumbres, en ese caso lo que dicen y predican es infaliblemente la doctrina de Cristo (Lumen Gentium, 25).

El Magisterio ordinario es universal por estar dirigido a todos lo fieles, y es infalible. Por último diremos que el Magisterio es otra de las verdades de nuestra fe católica y es ejercido para enseñar, guiar y alimentar con la Palabra al Pueblo de Dios.

IX
LA REVELACION DIVINA

*L*a Revelación divina es todo aquello que Dios quizó dar a conocer a la humanidad y que de ninguna otra manera el hombre podría haber conocido por sí mismo. La Revelación divina es también un proceso de comunicación, donde el comunicador es Dios y el receptor el ser humano. Por lo tanto, dependiendo del transmisor o receptor podemos decir que existen dos formas de Revelación divina: natural y sobrenatural.

Revelación natural

"La Revelación natural es el conocimiento que adquirimos de Dios a través de la razón humana en el mundo del tiempo y del espacio" (Buckner 1996: I, 2). "Nosotros podemos aprender algo de Dios cuando examinamos su creación maravillosa" (Willhem 1975). Así como aprendemos del talento de un artista examinando su trabajo, de la misma manera podemos aprender de Dios examinando el universo. En uno de sus escritos San Agustín nos dice: "Interroga a la belleza de la tierra, interroga a la belleza del mar, interroga a la belleza del aire que se dilata y se difunde, interroga a la belleza del cielo interroga a todas estas realidades. Todas te responden: Ve, nosotras somos bellas, su belleza es una profesión. Estas bellezas sujetas a cambio, ¿quien las ha hecho sino la Suma Belleza, no sujeta a cambio" (Sermones 241, 2: PL 38, 1134).

El Apóstol Pablo, hablando de la Revelación natural, les dice a los paganos:

Pues, si bien a él no lo podemos ver, lo contemplamos, por lo menos, a través de sus obras, puesto que él hizo el mundo, y por ellas entendemos que él es eterno y poderoso, que es Dios (Rom 1, 20).

Dios se reveló a sí mismo en el mundo natural de la creación, y el hombre, apelando a la razón humana, puede percibir su mensaje. Solamente contemplando el mundo que nos rodea podemos concluir que Dios existe. Al respecto el libro de la Sabiduría dice:

Si el poderío y la irradiación de las cosas nos han asombrado, sepan cúan poderoso es el que las creó; pues la grandeza y la hermosura de las cosas creadas dan a conocer a su creador mucho más grande y hermoso (Sab 13, 4).

Debido a la influencia del ateísmo moderno y de los adelantos tecnológicos, pareciera que el hombre de hoy no puede percibir la presencia de Dios en las cosas materiales. La realidad es que Dios continúa hablando al hombre a través de su misteriosa creación. En este mundo materializado existen muchísimos hombres que mostrando apertura a la verdad y a la belleza, con su sentido del bien moral, con su libertad y la voz de su conciencia, con su aspiración al infinito y a la dicha, se interrogan sobre la existencia de Dios. En esta apertura, perciben signos de su alma espiritual. La semilla de eternidad que llevan en sí, al ser irreductible a la sola materia, su alma, no puede tener origen más que en Dios (Catecismo de la Iglesia Catolica #33).

Revelación sobrenatural

En el Catecismo de la Iglesia Católica encontramos que "mediante la razón natural, el hombre puede conocer a Dios con certeza a partir de sus obras. Pero existe otro orden de conocimiento que el hombre no puede de ningún modo alcanzar por sus propias fuerzas, el de la Revelación divina" (#50). A este otro orden de conocimiento es a lo que llamamos Revelación sobrenatural.

La Revelación sobrenatural es el conocimiento de Dios revelado de manera especial, más allá de lo que nosotros podemos comprender con nuestra razón humana. Esto ocurre cuando Dios ilumina al hombre de manera directa o milagrosa. Un ejemplo son la revelación de los Misterios divinos de nuestra fe católica. Por Misterios entendemos aquellas verdades divinamente inspiradas cuyo conocimiento sería imposible de otra manera. Al mismo tiempo, es imposible comprenderlas totalmente una vez que se reciben.

Entre estos Misterios divinos encontramos el de la Santísima Trinidad, el de la presencia real de Jesús en la Eucaristía, etc. Estas verdades reveladas transcienden el poder natural y la habilidad de una criatura finitamente humana. Estos misterios sólo pueden profundizarse con la fe, y de ninguna manera sólo con razón humana.

Es necesario saber que aunque no comprendamos totalmente estos Misterios divinos, nunca estarán en contra de nuestra razón. Es sorprendente observar, que para que podamos lograr una profunda intimidad en nuestras relaciones humanas, necesitamos una fe que nos dé confianza en la otra persona. Esta misma actitud será necesaria, para crecer en la intimidad con Dios. La diferencia está en que las cosas que él nos revela de sí mismo, están más allá de nuestra razón humana, y es por eso que nuestra razón, iluminada por la fe, puede entender algo de esta Revelación.

La última revelación de Dios es Jesucristo, su Hijo (ver Heb 1, 1-2). El Catecismo de la Iglesia Católica nos dice al respecto:

> La economía cristiana por ser alianza nueva y definitiva, nunca pasará; ni hay que esperar otra revelación pública antes de la gloriosa manifestación de nuestro Señor Jesucristo. Sin embargo, aunque la Revelación esté acabada, no está completamente explicitada; corresponderá a la fe cristiana comprender gradualmente todo su contenido en el transcurso de los siglos (#66).

Jesucristo es la revelación total de Dios. Cuando Dios envía a su propio Hijo, ya no hay nada más que decir. Nuestro Señor Jesucristo enseñó a los Apóstoles todo lo que quería que supieran; por su parte, ellos siguieron su ejemplo y transmitieron este mensaje a sus sucesores y a toda la Iglesia. Por eso, sería correcto decir que ellos recibieron la Revelacíon completa para la salvación de la humanidad.

Revelaciones privadas

En la vida de la Iglesia también encontramos revelaciones particulares. Algunos santos, como Santa Brígida, han recibido dichas revelaciones. Acerca de las revelaciones privadas el Catecismo de la Iglesia Católica nos explica:

> A lo largo de los siglos han habido revelaciones llamadas "privadas", algunas de las cuales han sido reconocidas por la autoridad de la Iglesia. Estas, sin embargo, no pertenecen al depósito de la fe. Su función no es la de "mejorar" o "completar" la Revelación definitiva de Cristo, sino la de ayudar a vivirla más plenamente en una cierta época de la historia. Guiado por el Magisterio de la Iglesia, el sentir de los

fieles *(sensus fidelium)* sabe discernir y acoger lo que en estas revelaciones constituyen una llamada auténtica de Cristo o de sus santos a la Iglesia (#67).

Ahora podemos preguntar: ¿Qué podemos decir de aquellas revelaciones que son contrarias a la Iglesia y por lo tanto, contrarias a la Tradición apostólica? Muchas de estas revelaciones han surgido en religiones y sectas fundadas recientemente. El Catecismo de la Iglesia Católica nos dice:

La fe cristiana no puede aceptar "revelaciones" que pretenden superar o corregir la Revelación de la que Cristo es la plenitud. Es el caso de ciertas religiones no cristianas y también de ciertas sectas recientes que se fundan en semejantes "revelaciones" (#67).

X
LA FE Y LA RAZON HUMANA

*D*ios habla al hombre a través de la Revelación natural y sobrenatural. Esta comunicación se lleva acabo, cuando el hombre responde a Dios con el precioso don de la fe. "Fe es la habilidad para decir a Dios —Yo Creo— en todo lo que él nos enseña". Podríamos decir también que "por su revelación, Dios invisible habla a los hombres como amigos, movido por su gran amor y mora con ellos para invitarlos a la comunión consigo y en ella recibirlos. La respuesta adecuada a esta invitación es la fe".

Normalmente en nuestra vida diaria, actuamos movidos por una fe natural. Por ejemplo, cuando estamos en un restaurante, no nos ponemos a preguntar si la comida está hechada a perder o envenenada, sino que al contrario, confiamos en la gente que la prepara. Cuando subimos a nuestro automóvil, confiamos en que los mayores componentes de seguridad son mecánicamente confiables y en condiciones para conducir. De la misma manera cuando creemos en las verdades reveladas de Dios, no preguntamos por ninguna prueba. Es por eso que con John Hardon podemos decir que la fe debe ser una respuesta libre del hombre a Dios (Hardon 1981: 32), ya que de otra manera no podría explicarse lo que el apóstol San Marcos nos dice en su Evangelio:

El que crea y se bautice se salvará y el que se resista a creer se condenará (Mc 16, 16).

La carta de los Hebreos nos da una mayor descripción de lo que en realidad significa la fe:

La fe es la manera de tener lo que esperamos, el medio para conocer lo que no vemos. Y celebramos a los antepasados por cuanto tuvieron fe.

Por la fe comprendemos que cada etapa de la creación se originó en una palabra de Dios y entendemos que el mundo visible no tiene su origen en lo que se palpa.

Por la fe de Abel, su sacrificio fue mejor que el de su hermano Caín. Por eso la Escritura lo declaró justo, y Dios afirmó que aceptaba sus presentes; y aunque haya muerto, por su fe sigue clamando.

Por la fe, Henoc fue trasladado al cielo en vez de morir, y los hombres no volvieron a verlo, porque Dios se lo había llevado. En efecto, antes de haber sido arrebatado al cielo se dice que había agradado a Dios. Pero sin la fe es imposible agradarle, pues uno no se acerca a Dios sin antes creer que existe y que recompensa a los que lo buscan (Heb 11, 1-6).

El Catecismo de la Iglesia Católica dice que "por la fe, el hombre somete completamente su inteligencia y su voluntad a Dios. Con todo su ser, el hombre da su voluntad a Dios. Con todo su ser, el hombre da su asentamiento a Dios que revela. La Sagrada Escritura llama obediencia de la fe a esta respuesta del hombre a Dios que revela" (#143).

A la fe también la podemos ver de tres maneras:

1. Como una aceptación de la Revelación de Dios. A esto comúnmente nosotros le llamamos un acto de fe, por el cual la persona acepta libremente lo que Dios ha revelado.

2. Como una virtud. Las virtudes son hábitos que nos inclinan a realizar buenos actos. La virtud de la fe es un hábito que nos da la habilidad y la disposición de ayudarnos a hacer actos de fe.

3. Como un conjunto de verdades. Aquí nos estamos refiriendo al depósito de fe o conjunto de verdades que debemos creer (la fe católica).

Con estas tres maneras de entender la fe, podemos definirla como la libre aceptación de la Revelación de Dios, el hábito que nos ayuda a creer, y el conjunto de verdades en que debemos creer.

Cuando nos referimos a la fe como un "conjunto de verdades", nos estamos refiriendo a las principales verdades que Dios ha revelado al hombre. Desde los comienzos de la cristiandad y en diferentes épocas, la Iglesia ha proclamado estas principales verdades en fórmulas que nosotros llamamos "Credo". El credo no necesariamente contiene todas las verdades de nuestra fe, pero enlista las fundamentales. La repetición y memorización de estas verdades de fe, en la liturgia y la oración, ha contribuido grandemente a la preservación de la doctrina católica.

Este conjunto de verdades requiere de nuestra parte un acto de aceptación y acuerdo, o mejor dicho un acto de "fe". Sin la ayuda de Dios nunca podríamos llevar acabo tal acto. Siempre necesitaremos la ayuda del Espíritu Santo, y es a esto lo que comúnmente llamamos "gracia actual". En el libro *The Teaching of Christ* (La Enseñanza de Cristo) leemos:

La vida de la fe, es edificada en Dios. Esto es un regalo. El regalo de la fe es el comienzo de una vida que Dios libremente nos da y es un regalo que sólo Dios nos puede dar (Wuerl, Lawler, Comerford 1995: 4. 34).

La disposición para hacer actos de fe llega a nosotros como un regalo en el bautismo. Este regalo es en un sentido permanente en nuestras vidas ya que como virtud, permanece por sí misma. Pero debemos recordar que puede perderse, cuando libremente negamos la fe.

Hasta este momento, nos hemos dado cuenta que existe una relación directa entre la fe y la revelación: la revelación es cuando Dios le habla al hombre y la fe es cuando el hombre escucha y responde a su Creador. Esta relación la podríamos comparar con aquella famosa ley de la causa y el efecto. Sabemos que la causa es algo de donde proviene la existencia algo más. Tal es el caso con el fuego y el calor. Al observar también un foco eléctrico encendido, sabemos que la causa de este efecto es producido por la electricidad. Sin la electricidad el foco no produciría la luz. De esta manera podríamos comparar la fe y la Revelación de Dios. Ya que en un sentido podríamos decir que la Revelación es la causa de la fe. Pero no siempre sucede así, ya que aunque ésta esté presente no nos hace necesariamente creer.

La Revelación de Dios no produce automáticamente la fe en el hombre. Es Dios, quien ilumina la mente e inclina la voluntad. Cooperando con la gracia el hombre libremente elige y considera la Revelación y libremente la acepta. Dios nunca usa al hombre como si fuera una marioneta o un robot porque él respeta profundamente la libertad del ser humano.

Si estamos hablando de que la fe es un acto, todavía nos podríamos preguntar: ¿Qué es un acto de fe? Para entenderlo lo dividiremos en cuatro pasos:

1. La persona reconoce la verdad revelada.

2. Percibe lo razonable y lo acepta como verdad revelada.

3. Acepta esta verdad.

4. La persona acepta a Dios, quien es quien reveló esta verdad.

Si recurrimos al Catecismo de la Iglesia Católica, encontraremos más luz para comprender mejor lo que es un acto de fe:

> En la fe, el intelecto humano y la voluntad cooperan con la divina gracia. Creer es un acto donde el intelecto acepta la divina verdad, por mandato de la voluntad movida por la gracia de Dios (#55).

Aunque decimos que la mente es la que acepta la verdad revelada, no podemos reducir esto a un simple acto del intelecto humano. El acto humano envuelve las dos, el intelecto y la voluntad. La mente ve que aquello que se le presenta es moralmente bueno y acepta lo que la Iglesia le propone como palabra de Dios. De todas maneras la mente acepta, porque previamente la voluntad fue atraída y solicitada por la gracia de Dios, libremente dada.

Mientras más frecuente sean nuestros actos de fe, más vamos a querer escuchar la verdad revelada de Cristo. Recordemos que Dios quiere que nosotros lo conozcamos, y por eso se nos revela naturalmente y sobrenaturalmente. Si aceptamos la primera gracia de creer, él continuará dándonos más gracias y nos llevará a profundizar más nuestra fe.

Como mencionamos anteriormente, nosotros mismos no podemos ser la causa de nuestra fe, pero libremente podemos escuchar la inspiración de Dios y libremente podemos responder a la gracia. Al saber que la Sagrada Tradición es parte de esa divina revelación de Dios estamos realizando un verdadero acto de fe.

Características de la fe

Podemos entender más de la fe, si miramos de cerca ciertos aspectos y características que nuestra fe debe poseer para ser verdadera:

1. La fe es una aceptación de la mente humana. Esto quiere decir que estamos de acuerdo con lo que Dios ha revelado y lo que quiere que creamos, para alcanzar la salvación.

2. La fe es un regalo de Dios. Esto quiere decir que no podemos creer sin su ayuda, a la que llamamos gracia.

3. La fe es una respuesta voluntaria de parte del hombre. Aunque el hombre y la mujer siempre necesiten de la ayuda de Dios para creer, no se les obliga a creer.

4. La fe es católica. La palabra "católica" significa universal. Por lo tanto, nuestra fe debe ser también universal, es decir, que debemos creer todo lo que Dios ha revelado al hombre a través de la Iglesia, y no solamente aquello que sea conveniente o fácil de creer. Para que nuestra fe sea católica, tenemos que creer en toda la doctrina de la Iglesia. Alguien no puede decir que es católico, si cree solamente en parte de la doctrina de la Iglesia y niega, por ejemplo, la presencia real de Jesús en la Eucaristía.

5. La fe es razonable. Dios creo al ser humano con el poder de la razón. Por lo tanto, nunca revelará algo que esté contrario

a nuestra razón. Aunque Dios nos revela misterios que sobrepasan nuestra capacidad humana, como la Santísima Trinidad o la Eucaristía, estos misterios nunca estarán en contra de nuestra razón.

6. La fe es cristiana. Esto es un acto que culmina en la personalidad histórica de Nuestro Señor Jesucristo.

La fe no es solamente aquellos que los fundamentalistas nos presentan como fe. Ellos afirman que con sólo aceptar a Jesús como nuestro Salvador y Señor, basta para obtener nuestra salvación personal. Esto contradice a la Tradición de la Iglesia y a la misma Biblia, porque en realidad la fe es un don gratuito de Dios que permite que el hombre acepte libremente la revelación total contenida en la Sagrada Tradición y en la Biblia.

La razón humana

La razón es la facultad por la que la persona conoce y ordena sus experiencias, tendencias y conducta en su relación con la totalidad de lo real. Creado a imagen y semejanza de Dios, el hombre posee el poder grandioso de la razón. "Dios nos creo como seres racionales y nos bendijo con el poder de la razón humana" (Buckner 1996: I, 5).

Cuando Dios nos revela una verdad que concierne con nuestra salvación, como la Resurrección de Nuestro Señor Jesucristo, ésta deberá estar en armonía con la razón humana. Si no es así, Dios estaría contradiciéndose a sí mismo, y eso es totalmente imposible. "El motivo de creer no radica en el hecho de que las verdades reveladas aparezcan como verdaderas e inteligibles a la luz de nuestra razón natural. Creemos a causa de la autoridad de Dios mismo que revela y que no puede engañarse ni engañarnos. Sin embargo, para que el homenaje de nuestra fe fuese conforme a la razón, Dios ha querido que los auxilios interiores del Espíritu Santo vayan acompañados de las pruebas exteriores de su revelación. Los milagros de Cristo y de los santos, las profecías, la propagación y la santidad de la Iglesia, su fecundidad y su estabilidad son signos ciertos de la revelación, adaptados a la inteligencia de todos, motivos de credibilidad que muestran que el asentamiento de la fe no es en modo alguno un movimiento ciego del espíritu" (Catecismo de la Iglesia Catolica #156).

Muchos en la actualidad ven en la doctrina de la Iglesia verdades que según ellos contradicen la razón humana. Otros rechazan al catolicismo debido a ciertas verdades de nuestra fe, que no pueden comprender. A otros se les hace difícil creer en los dogmas de nuestra fe. Este sentimiento de rechazo quizá se deba a la influencia del ateísmo moderno y los adelantos científicos y tecnológicos de nuestra sociedad. Muchos han puesto tanta confianza y fe en la ciencia, que se les hace difícil creer aquello que no se puede comprobar científicamente.

Según el Catecismo de la Iglesia Católica no debe haber ningún conflicto entre la ciencia y la fe cuando:

A pesar de que la fe esté por encima de la razón, jamás puede haber desacuerdo entre ellas. Puesto que el mismo Dios que revela los misterios y comunica la fe ha hecho descender en el espíritu humano la luz de la razón, Dios no podría negarse a sí mismo ni lo verdadero contradecir jamas lo verdadero. Por eso la investigación metódica en todas las disciplinas, si se procede de un modo realmente científico y según las normas morales, nunca estará realmente en oposición con la fe, porque las realidades profanas y las realidades de fe tienen su origen en el mismo Dios. Más aún, quien con espíritu humilde y ánimo constante se esfuerza por escrutar lo escondido de las cosas aún sin saberlo, está guiado por la mano de Dios, que sostiene todas las cosas y hace que sean lo que son (#159).

A través de los siglos, muchos santos y santas han mostrado al mundo la racionalidad e integridad de nuestra fe cristiana. Gracias a su fe en Dios, realizaron hechos y prodigios que muchas veces sobrepasaron las leyes de la naturaleza. Sus vidas son un poderoso testimonio para el mundo de su fe. San Juan nos dice que aquellos que crean en Cristo harán cosas mayores que el Señor:

Ahora me toca irme al Padre, pero les digo: el que cree en mí hará las mismas cosas que yo hago, y aún hará cosas mayores (Jn 14,12).

XI

DIFERENCIA ENTRE LA TRADICION Y LAS SAGRADAS ESCRITURAS

*L*a Sagrada Escritura es algo palpable que podemos ver y tocar. Esta es una de las razones por la que es única. Además, es una parte inspirada de la Sagrada Tradición. Por otro lado, la Sagrada Tradición es una memoria vivida, divinamente inspirada de hechos y palabras. La diferencia es muy simple y clara. En el artículo noveno de la Constitución Dogmática sobre la Divina Revelación (Dei Verbum), se nos explica con claridad la diferencia y la relación que existe entre la Tradición y la Sagrada Escritura:

"Así pues, la Sagrada Tradición y la Sagrada Escritura están íntimamente unidas y compenetradas. Porque surgiendo ambas de la misma divina fuente en cierto modo tienden a un mismo fin. Ya que la Sagrada Escritura es la Palabra de Dios en cuanto se consigna por escrito bajo inspiración del Espíritu Santo, y la Sagrada Tradición transmite íntegramente a los sucesores de los Apóstoles la palabra de Dios, a ellos confiada por Cristo Señor y por el Espíritu Santo para que, con la luz del Espíritu de la verdad, la guarden fielmente, la expongan y la difundan con su predicación; de donde se sigue que la Iglesia no deriva solamente de la Sagrada Escritura su certeza acerca de todas la verdades reveladas. Por eso se han

de recibir y venerar a ambas con un mismo espíritu de piedad"
(Dei Verbum, 9).

El Catecismo de la Iglesia Católica dice lo siguiente al respecto:

"La Tradición de que hablamos aquí es la que viene de los
Apóstoles y transmite lo que éstos recibieron de las enseñanzas
y del ejemplo de Jesús y lo que aprendieron por el Espíritu
Santo. En efecto, la primera generación de cristianos no tenía
un Nuevo Testamento escrito, y el Nuevo Testamento mismo
atestigua el proceso de la Tradición viva. Es preciso distinguir
de ellas las tradiciones teológicas, disciplinarias o devocionales
nacidas en el transcurso del tiempo en las Iglesias locales. Estas
constituyen formas particulares en la que la gran Tradición
recibe expresiones adaptadas a los diversos lugares y a las
diversas épocas. Sólo a la luz de la gran Tradición aquellas
pueden ser mantenidas, modificadas o también abandonadas
bajo la guía del Magisterio de la Iglesia" (#83).

La Biblia y la Tradición no deben ser separadas por ningún
motivo, porque las dos son instrumentos de la revelación de Dios.
Terminaremos este último capítulo enumerando cuatro puntos
importantes que la Sagrada Tradición y la Escritura tienen en
común:

1. Las dos son vehículos de la Revelación de Dios.

2. Las dos tienen su origen en la divina inspiración. La Sagrada
Escritura se encuentra en los textos y la Sagrada Tradición en
la comunidad viviente de la Iglesia.

3. Las dos provienen de Cristo, quien las transmitió a los Apóstoles y ellos a sus sucesores los Obispos.

4. Las dos están completamente terminadas y no hay la posibilidad de que alguien recopile una nueva Biblia o descubra una nueva Tradición.

CONCLUSION

*L*a Sagrada Tradición abarca Divina Revelación, preservada ante la divina guía de la Iglesia. Además, es la Palabra de Dios no contenida en las Sagradas Escrituras.

Como observamos, los Apóstoles transmitieron la Tradición a las primeras comunidades; el apóstol Pablo, al escribir a los Corintios, les decía que guardaran las Tradiciones conforme se las había entregado (Ver 1 Cor 11, 1-2). El no se estaba refiriendo a tradiciones humanas, sino a la Sagrada Tradición. La Iglesia distingue tres clases de Tradición, de acuerdo a su origen: Divina, Apostólica y Eclesiástica.

Cristo, verdadero Dios y Hombre confirió la autoridad dada por su Padre a los Apóstoles y sucesivamente los Apóstoles la transmitieron a sus sucesores los Obispos. La Iglesia ejerce este ministerio conferido por Cristo, a través del Magisterio Ordinario y Extraordinario.

Podemos observar que la Sagrada Tradición y las Sagradas Escrituras tienen tanto sus diferencias como sus similitudes. La Sagrada Escritura es palpable y esta contenida en los libros inspirados. Por su origen es única, ya que es una parte inspirada de la Sagrada Tradición. Por otro lado, la Sagrada Tradición es una memoria vivida y divinamente inspirada de hechos y palabras. Las dos se parecen en que son palabras de Dios dirigidas a la humanidad.

La Divina Revelación es la revelación de Dios y de su voluntad a la raza humana. Existen dos tipos de revelación: la Natural y la

Sobrenatural. La primera es el conocimiento que adquirimos de Dios a través de la razón humana en el mundo del tiempo y el espacio. La segunda es el conocimiento de Dios revelado de una manera específica, acerca de sí mismo y mas allá de nuestro entendimiento humano.

Dios habla al hombre y el hombre responde libremente con la fe. La fe es un regalo de Dios que podemos perder por nuestra propia voluntad. La fe nunca estará contra la razón humana pues nada que Dios nos haya revelado, ya sea un misterio como el de la Santísima Trinidad, está contra la razón.

La Biblia es una colección de 73 libros, de los cuales algunos fueron escritos antes del nacimiento de Nuestro Señor Jesucristo. Estos libros fueron escritos por hombres bajo la influencia y guía del Espíritu Santo. En estos libros está contenida la Palabra de Dios. La Biblia está dividida en el Antiguo y el Nuevo Testamento. El Antiguo Testamento reconocido por la Iglesia Católica está compuesto por 46 libros. El Antiguo Testamento usado por las Iglesias protestantes sólo contiene 39 libros. El Nuevo Testamento está compuesto por 27 libros.

Hasta este momento nos hemos dado cuenta que la Biblia y la Tradición tienen mucho en común. No podemos separar una de la otra, pues al hacerlo se desintegra la verdad revelada de Dios. Por eso decimos que la Tradición y la Biblia forman lo que llamamos el Sagrado Depósito de la fe. La Biblia es una parte de esa revelación de Dios. Cualquier persona que con sinceridad y honestidad estudie las Sagradas Escrituras, tendrá que recurrir a la Tradición y la Iglesia, para encontrar el verdadero mensaje de Dios. En la actualidad somos testigos de la gran división entre las iglesias cristianas, cada una de las cuales proclama ser la Iglesia fundada por Cristo. Creo que si todos los cristianos estudiáramos con honestidad la Sagrada Tradición, encontraríamos los lazos de unión perdidos en la Reforma Protestante.

REFERENCIAS

Amatully V. Falbiano. *Diálogo con los protestantes,* Ciudad de México, México: Apóstoles de la Palabra, 1994.

Buckner, Christopher M. *God, Man and the Universe,* Poenia Springs Virginia: CDU, 1996.

Barradas Celestino. *Hacia un encuentro con Dios,* Ciudad de México, México: Ediciones Paulinas, S.A., 1981.

Catholic Answers "Columna de Fuego Columna de la Verdad", San Diego, CA: Catholic Answers 1997.

Ediciones Paulinas/Verbo Divino. *La Nueva Biblia Latinoamericana,* Madrid, España: Artes Gráricas Carasa, 1972.

Hardon, John A. *The Catholic Catechism,* New York, NY: Image Books Doubleday, 1985.

Hardon, John A. *Pocket Catholic Dictionary,* New York, NY: Image Books Doubleday, 1985.

Iraneus of Lyons c. 130-202 "The Fathers of the Church" Electronic Version New Advent Inc., 1996.

Keating, Karl. *Catholicism and Fundamentalism,* San Francisco, CA: Ignatius Press, 1988.

Libreria Edetrice Vaticana. *The Catechism of the Catholic Church,* Liguori, MO: Liguori Publications, 1994.

Metzger, Bruce M. *The Text of the New Testament,* New York, NY: Oxford University Press Inc., 1968.

Obloy, Leonard G. *Introduction to Sacred Scripture*, Hamilton, Virginia: CDU, 1989.

Sermons of Saint Augustine "The Fathers of the Church" Electronic Version New Advent Inc., 1996.

Spirago, Francis. *The Catechism Explained*, New York, NY: Benzinger Brothers, 1961.

Torraco, Stephen F. *Catholic Fundamental Moral Theology*, Hamilton, Virginia: CDU, 1996.

Vaticano II, *Documentos Conciliares,* Ciudad de México, México: Ediciones Paulinas, S.A., 1996.

Wilhelm, Anthony. *Christ Among Us,* New York, NY: Paulist Press, 1975.

Wuerl, Donald W., Lawler Ronal, Comerford Lawler Thomas. *The Teaching of Christ,* Huntington, In: Our Sunday Visitor Publishing Division, 1995.